Para de complacer a la gente:
Sé firme, deja de preocuparte por lo que piensen los demás, supera la culpabilidad y no te dejes manipular

De Patrick King
Especialista en interacción social y *coach* de conversación.
www.PatrickKingConsulting.com

Índice

PARA DE COMPLACER A LA GENTE: SÉ FIRME, DEJA DE PREOCUPARTE POR LO QUE PIENSEN LOS DEMÁS, SUPERA LA CULPABILIDAD Y NO TE DEJES MANIPULAR — 3

ÍNDICE — 5

CAPÍTULO 1: LA FATAL NECESIDAD DE COMPLACER — 7

CAPÍTULO 2: ORÍGENES Y CAUSAS DE LAS PERSONAS COMPLACIENTES — 43

CAPÍTULO 3: REPROGRAMA TUS CREENCIAS — 73

CAPÍTULO 4: CAMBIA TUS HÁBITOS — 127

CAPÍTULO 5: ESTABLECE TUS LÍMITES — 165

CAPÍTULO 6: CÓMO DECIR NO — 209

CHEAT SHEET — 237

Capítulo 1: La fatal necesidad de complacer

Una vez tuve una amiga llamada Muriel. Ella trabajaba en una gran compañía tecnológica. Ocupaba un puesto directivo, del que las grandes empresas de tecnología no parecen tener suficiente.

Muriel era muy respetada porque parecía desinteresada y, a menudo, llevaba sobre sus hombros la carga de toda la oficina. Aceptó con gusto cualquier trabajo que tuviera su jefa, incluso si había otras personas que pudieran ocuparse de él. De hecho, a veces Muriel aceptaba trabajos de supervisores además del suyo propio. «Solo estoy tratando de ayudar», decía.

Muriel tenía la costumbre de ir más allá de su deber. Trabajaba duro para acomodar a tantas personas como conocía. Se hacía cargo de las presentaciones en las que los demás tenían dificultades. Se quedaba hasta tarde al menos dos noches a la semana. Tal vez dos veces al mes salía a almorzar y se ofrecía a traer emparedados para todo su equipo. Muchas veces, ni siquiera pedía que le pagaran por eso.

Pensaba que tenía que convertirse en alguien invaluable para la organización. Esto era particularmente importante para Muriel porque estaba aterrorizada de quedarse sin empleo; había pasado 22 meses sin empleo anteriormente, durante los cuales pensó que nadie la volvería a contratar. Pensó que, trabajando más duro, otras personas en la oficina la considerarían indispensable y nunca podrían reemplazarla.

Pero en algún momento del camino, Muriel convirtió esa obsesión en obediencia subconsciente. No solo quería que todos a su alrededor estuvieran satisfechos y felices, también estaba petrificada de hacer algo mal.

Muriel trabajaba en el departamento de mercadeo. Su trabajo consistía en sugerir y ejecutar elementos de diseño de empaque de productos que hicieran que los productos de su empresa parecieran atractivos. Había estudiado arte y diseño gráfico en la universidad y creía plenamente en el principio de «menos es más», es decir que no se debe sobrecargar el paquete de un producto determinado, tener información extraña o malas imágenes. Las tendencias del mercado coincidieron de forma abrumadora con ella, al igual que los datos de ventas.

Desafortunadamente, a sus gerentes les *encantaban* todas esas cosas. Pensaban que los clientes querían ver toda la información que pudieran en el paquete.

Muriel sabía que esto no era cierto y quería decir algo al respecto. Pero no lo hizo. Tenía miedo de dar su opinión. No podía perder su trabajo. Así que simplemente asintió en las reuniones de diseño y apoyó su decisión de saturar el paquete de su nuevo producto con imágenes poco atractivas, información completa pero ilegible y un conejo mascota de dibujos animados de aspecto pésimo que no tenía nada que ver con la empresa o el producto.

El producto falló por más razones que solamente el empaque, pero no ayudó. De cualquier manera, Muriel pensó que había terminado y trabajado lo suficiente como para merecer que se quedara en su trabajo, porque se había esforzado por hacer felices a todos.

Pero cuando comenzaron los despidos dos meses después de la muerte del producto, Muriel fue la primera en ser despedida.

Estaba mortificada. Sintió que había hecho todo bien y se había hecho insustituible para la empresa. Cuando preguntó por qué, el departamento de recursos humanos dijo que no había hecho lo suficiente para distinguirse como una contribuyente vital para la empresa. No parecía tener ninguna idea para hacer avanzar la empresa y parecía contenta con mantener la oficina en orden.

Muriel se quedó en modo de pánico total. Lo que había sucedido era exactamente lo contrario de lo que ella creía: mantén la cabeza gacha, trabaja duro y recibirás la recompensa adecuada. Quería que todas las personas con las que trabajaba se sintieran felices y apoyadas, pero de alguna manera fue castigada por ello.

¿Cuál fue la causa de la caída de Muriel? Se centró en complacer a los demás y en obtener su aprobación y puso en segundo lugar sus prioridades laborales reales. No estaba haciendo el trabajo para el que la contrataron y solo estaba actuando para prevenir sentimientos de rechazo. En retrospectiva, no sorprende lo que le sucedió.

Muriel era, en resumen, una persona que agradaba a la gente y una clara ilustración de lo contraproducente que puede ser agradar a la gente.

¿Qué es complacer a la gente?

La generosidad y la amabilidad son excelentes cualidades. Ayudan a la comunicación y cooperación entre personas. Son necesarios para que las sociedades se lleven bien. En casi todos los escenarios, superan al egoísmo y la hostilidad. Son rasgos que se nos meten en la cabeza desde la infancia por una buena razón.

Pero no confundas agradar a la gente con generosidad y amabilidad. Pueden parecer idénticos desde el exterior, pero lo que impulsa a una persona generosa frente a una persona complaciente no podría ser más diferente.

Quien complace a la gente es alguien muy amable, como puedes ver en el ejemplo de

Muriel. El motivo de su amabilidad *no* es que sea la forma correcta de ser o que quieran enriquecer la vida de las personas. En lugar de provenir de un deseo sincero de hacer del mundo un lugar mejor, agradar a las personas proviene de la inseguridad, el miedo y la vergüenza.

A quien le gusta agradar a la gente le preocupa el rechazo. Tienen la necesidad, como todos nosotros, de ser aceptados y atesorados, de ser amados. Pero en las personas complacientes, esta necesidad se amplifica en la medida en que harán todo lo posible para no perder ese amor o aceptación. Están impulsados por evitar las consecuencias negativas en lugar de crear posibilidades positivas. Además, sienten que siempre están al borde del rechazo, por lo que esta urgencia provoca un tipo de pánico que se caracteriza por hacer todo lo posible. Agradar a la gente es un acto *defensivo*, mientras que la preocupación y la generosidad genuinas son prácticas afirmativas.

Quien complace a la gente, al mismo tiempo, también busca la aprobación, porque la aprobación es la señal de que no ha habido rechazo. Es por eso por lo que harán todo lo posible por una simple sonrisa y un agradecimiento. Estos elementos tomados en conjunto crean a alguien que siente que siempre debe estar sirviendo a los demás para ser aceptado. Algunos impulsos específicos se detallan a continuación. ¿Te suenan familiares?

Visto desde fuera, las personas complacientes siempre son alegres en todas las situaciones. Quien complace a la gente nunca se queja de nada. No tienen sentimientos negativos aparentes. Tienen una sonrisa en su rostro cada momento que están despiertos, al menos cuando otros están observando. Creen que lo están haciendo para que todos los que los rodean se sientan felices cuando, de hecho, su comportamiento radiante probablemente esté incomodando a esas personas. Son más transparentes de lo que se dan cuenta, y estar cerca de alguien que obviamente está poniendo una cara falsa es desagradable e incómodo. En el mejor de los casos, parece deshonesto; en el peor de los casos, es manipulador.

Las personas complacientes nunca afirman lo que piensan, creen o quieren, incluso si son infelices. Con las personas complacientes, siempre se trata de los demás. Si salen con alguien, nunca recomendarán qué hacer ni adónde ir. Nunca hablarán si lo están pasando mal. No quieren ser nunca motivo de infelicidad o insatisfacción. Simplemente estarán de acuerdo con el sentimiento general del grupo en lugar de correr el riesgo de ser rechazados o marginados. Sienten, con precisión o no, que están bien con todo. Esto permite que el resentimiento se acumule poco a poco con el tiempo hasta que sean un volcán esperando a entrar en erupción.

***Las personas complacientes prometen hacer todo por cualquiera,* incluso si lo odian o están mintiendo.** Los complacientes tienen la costumbre de ofrecer la luna y las estrellas a sus amigos. Prometerán hacer cosas que sus amigos no quieran hacer o cosas que saben que deleitarán a sus amigos y generarán una reacción de «¡Muchas gracias! ¡Eres es el mejor!». Pero los que complacen a la gente no necesariamente planean hacer estas cosas; simplemente dicen que lo harán con la intención de obtener una aprobación temporal y hacer felices a sus amigos. En realidad, sus promesas continuas y su inacción simplemente molestan a sus amigos, ya que se hace evidente que están dispuestos a ser deshonestos y solo decir lo que la gente quiere escuchar.

Los que complacen a las personas nunca piden nada, incluso si lo necesitan. El complaciente pretende negar que sus necesidades sean importantes en absoluto y, por lo tanto, nunca solicitará nada de otra persona. Quieren ser vistos como generosos y desinteresados. E incluso si alguien complaciente *reúne* el valor para pedir algo, le dará a la persona a la que está pidiendo un millón de opciones u oportunidades diferentes para decirle que no. Quieren minimizar las posibilidades de incomodar o molestar a los demás en lo más mínimo. Mientras hablan de lo desinteresados que son, el complaciente se quejará de que sus necesidades no se satisfacen o no se abordan.

Entonces, ¿qué impulsa a los complacientes a estos comportamientos aparentemente deshonestos y pasivo-agresivos?

Como se mencionó, las personas complacientes están impulsadas por un miedo profundo y penetrante al rechazo. Temen ser rechazados o abandonados por otros, y ese miedo juega un papel mucho más importante en agradar a la gente que los verdaderos sentimientos de buena voluntad. Si dan y dan y dan, creen que hay menos posibilidades de que sean rechazados o abandonados. Realmente no están haciendo lo que hacen para mejorar la vida de otra persona, solo quieren sentirse más positivos sobre sí mismos.

Sin embargo, eso no significa que todos los que complacen a las personas sean secretamente crueles y horribles bestias que solo persiguen sus propias necesidades. Pueden ser sinceramente considerados y agradables. Pueden estar realmente preocupados por el bienestar de sus familiares y amigos. Los que complacen a la gente simplemente no saben qué es lo que realmente los impulsa a complacer a todos. Y están muy confundidos y desconcertados sobre por qué, después de todos sus esfuerzos, se sienten amargados, molestos o tristes.

Considera los siguientes rasgos, emociones o creencias personales. Si algunos de ellos te resultan incómodos y familiares, entonces podrías ser alguien complaciente.

- No puedes decir que no.
- Dices que sí, pero en realidad quieres decir que no.
- Estás de acuerdo con algo, pero luego estás furioso en silencio.
- Aceptas hacer algo, pero te enfadas con quien te pidió que lo hicieras.
- Te quejas de que muchos de tus amigos y familiares te dan por sentado.
- Sientes que tus expresiones de amor no son mutuas o no se

devuelven adecuadamente.

- No te sientes apreciado por todas las cosas que haces por los demás.

- Te sientes molesto, hostil, incomprendido o engañado.

- Te sientes no deseado, amado o despreciado.

- Te preocupa molestar o irritar a otras personas.

- Te sientes agotado con las personas a las que te cuesta decir que no.

- Te sientes culpable por hacer algo que quieres hacer.

- Esperas que los demás se den cuenta de por qué no estás contento sin tener que decírselo.
Luego te enfadas cuando no lo hacen.

- Intentas ser lo que los demás desean que seas.

- No ofreces tus opiniones y, por lo general, simplemente te decantas por las de otra persona.

- No puedes revelar tus emociones cuando son diferentes a las de tus amigos o familiares.

- Evitas estar molesto.

- Tienes dificultades para defenderte.

- No eres agresivo al hacer lo que tienes que hacer.

- Nunca dices cómo te sientes porque tienes miedo de causar molestias.

- Solo deseas que todos estén en paz, vivan en armonía y nunca más tengan un problema con nadie ni con nada. No hay problema, ¿verdad?

¿Qué provoca ser una persona complaciente?

Los hábitos rara vez se desarrollan en el vacío, y agradar a las personas no es una excepción. Hay muchas causas posibles de agradar a las personas, y a menudo se señala la infancia como el origen. Pero sea quien sea, y cualquiera que sea la circunstancia, tus tendencias hacia agradar a las personas tienen su origen en ser desaprobado o rechazado por alguien de quien buscas aprobación. Podrían haber sido tus padres, maestros, compañeros de clase, compañeros abusivos, amigos egoístas o personas simplemente malas.

Esas respuestas negativas (especialmente si vinieron en forma de abuso físico o emocional) siguieron agravándose y aumentando tu baja autoestima. Ese es el poder del rechazo continuo: harás todo lo que esté a tu alcance para prevenirlo, y eso a menudo toma la forma de complacer a los demás. La forma en que puedes demostrar tu valía a ti mismo y a los demás es ser servil y tratar de satisfacer los deseos de todos.

Raíces infantiles de ser complaciente. Las personas influyentes más poderosas y presentes en cualquier familia, más que la fe o el trasfondo cultural, son los padres o tutores del hogar. Se supone que los padres son los protectores, las fuerzas que nos protegen del daño, el dolor y la desesperación. Los niños intercambian amor aparentemente incondicional por sus padres o, al menos, dependen de ellos para su seguridad.

Nuestras experiencias infantiles con padres u otras figuras de autoridad familiar influyen en nuestras actitudes y comportamientos que surgen cuando somos mayores. El psicólogo Hap LeCrone, al abordar específicamente el problema de agradar a las personas, confirmó: «El problema a menudo proviene de sentimientos y creencias de insuficiencia arraigados desde hace mucho tiempo que se remontan a la infancia y la adolescencia, cuando los intentos de la persona de complacer a los padres o cuidadores fueron rechazados, condicionados o imposibles de obtener».

Como tal, un niño busca comprensiblemente el elogio y la afirmación de su madre, padre o tutor. Siglos de evolución han cimentado este impulso en nosotros: hacer felices a nuestros padres es un instinto de supervivencia.

Pero cuando un niño hace algo para irritarlo o hacer enfadar, un padre o tutor puede expresar su desaprobación, posiblemente a través del castigo. Entonces entendemos su amor como *condicional*. Si no nos comportamos como quieren nuestros padres, sentimos que nos están rechazando. Podemos percibirlos como emocionalmente inaccesibles o, en el mejor de los casos, solo ocasionalmente.

Si nos sentimos desaprobados una y otra vez a lo largo de nuestra infancia, asumimos esa desaprobación *nosotros* mismos: se convierte en lo que pensamos que somos. Interiorizamos esa desaprobación porque *no somos suficientes y somos inadecuados.* A su vez, causa estragos en nuestra confianza y autoestima. Después de todo, si las principales figuras de tu vida te dijeran que eres un pato, probablemente creerías que eres un pato. Lo mismo ocurre con nuestro sentido de confianza y autoestima: escuchar un mensaje con la suficiente frecuencia, especialmente durante la niñez, cuando el cerebro se parece más a una esponja, puede ser dañino hasta la edad adulta.

Esos mensajes dan forma a cómo vemos nuestras otras relaciones adultas. Permitimos que amigos, empleadores y otras personas importantes, no nosotros mismos, decidan cuán valiosos somos.

Ignoramos nuestras propias necesidades y trabajamos horas extra para ellos para que nos vean como personas valiosas a las que nunca pensarían en rechazar. Pero el valor que sentimos por este tipo de comportamiento no es real y no es algo de lo que podamos depender a largo plazo. Puedes disfrutar viendo al camarero de tu café local, pero eliminar su capacidad para hacer café, ¿y qué queda? No es un gran incentivo para pasar tiempo con él.

Codependencia. Esta es otra causa común de agradar a las personas. La codependencia es cuando dependes excesivamente de otra persona, ya sea tu cónyuge, pareja o amigo. Los cuidamos desesperadamente y buscamos su aprobación. Sin embargo, podemos aprovechar la creencia de que el amor es condicional, solo se nos da si cumplimos con todas las demandas de alguien y nos comportamos como ellos quieren. Podemos temer el abandono o el rechazo, y para compensar tratamos de obtener el afecto de los demás siendo buenos niños. Si agradamos a alguien una y otra vez, pensamos que nos amarán y aceptarán por todo lo que hacemos por ellos.

Todas estas acciones y comportamientos son síntomas de la codependencia, y se alimenta directamente de por qué algunos de nosotros somos implacables complacientes con las personas. Tememos defraudarlos e intentamos todo lo posible para hacerlos felices para que sigamos agradándoles. Es un impulso comprensible, pero también desequilibrado y estresante.

Aceptar nunca estar en desacuerdo. Esta es una de las causas del agrado de las personas que puede crecer lentamente con el tiempo. Los que complacen a la gente no se atreven a decir nada que ponga en peligro nuestra seguridad y protección. Siempre dejamos que la otra persona elija dónde comer, nunca desafiamos sus puntos de vista si no estamos de acuerdo con ellos, y simplemente hacemos lo que quieren para evitar desacuerdos. Después de todo, cualquier desacuerdo es una oportunidad para el rechazo. Además, nunca sabemos qué tan desagradable puede ser la represalia o la confrontación, por lo que la evitamos por completo.

Las cosas que necesitamos o queremos se vuelven insignificantes para lo que todos los demás necesitan o quieren. En lugar de dar voz a nuestras propias preocupaciones, nos sometemos a las de los demás. Imagina un esposo o esposa cuya pareja tiene fuertes convicciones políticas y hace todo lo posible para apoyarlos y afirmarlos, aunque sus propios puntos de vista pueden ser muy diferentes o incluso opuestos. Temen que expresar sus creencias provoque una ruptura incurable en su relación. Muy rara vez es un acto intencional moldear la psique de alguien de esta manera, sin embargo, el instinto de agradar está muy extendido y es común.

¿Superarlo? Algunas personas, muy probablemente las que nos afectan de esta manera, podrían decir que todo lo que se habla de problemas que hemos tenido en el pasado (especialmente en la infancia) es una excusa. «¿Cuánto tiempo has tenido que aguantarlo? ¡¿Por qué no dejas pasar esto?!». Probablemente no comprendan lo irónica que suena esa insistencia, ya que es otra forma de rechazo.

Pero para responder a su pregunta, no solo no puedes superarlo con rapidez, sino que realmente no tienes otra opción. Los traumas repetidos y los malos tratos, especialmente, tienen efectos duraderos que no desaparecen en el momento en que se detienen. En su libro La mente dividida, John Sarno explica: «Los sentimientos que se experimentan en el inconsciente en cualquier momento de la vida de una persona, incluida la infancia, son permanentes. La ira, el dolor, el dolor emocional y la tristeza generados en la infancia permanecerán contigo toda tu vida».

Estos problemas arraigados siempre se manifiestan en nuestras relaciones. Inconscientemente encontramos socios, amigos o compañeros que amplifican nuestros rasgos y defectos más profundos. Y recreamos nuestra experiencia de alguna manera en el contexto de esas relaciones. En el caso de los complacientes, les damos a otras personas las riendas del poder e inmediatamente nos colocamos como sus subordinados. Esto no quiere decir que uno no pueda aprender a vivir y prosperar con estos recuerdos o influencias, pero es casi imposible *olvidarlos*, y parece ser lo que nuestros amigos poco comprensivos insisten en que hagamos. Eso es poco realista.

El efecto reflector

Los seres humanos tienden a vivir bajo una cierta ilusión de que todos los demás nos observan. Viviendo bajo las limitaciones de nuestro propio punto de vista, tendemos a pensar que todos en nuestro círculo miran y juzgan cómo somos y nos comportamos. Esto se conoce como efecto reflector, y es un sentido inflado de uno mismo que puede causar varios efectos nocivos en nuestras vidas y relaciones. Tenemos miedo de salir a bailar porque pensamos que todos verán lo mal que bailamos.

El efecto reflector es una distorsión mental que nos hace sentir tontos y avergonzados a diario. Estamos seguros de que todos están mirando y catalogando cada una de nuestras acciones y reacciones y se están burlando de nosotros, lamentándose o burlándose de nosotros en silencio. Esto nos hace sobre modular nuestro comportamiento o incluso alejarnos del público por completo para evitar una mayor vergüenza percibida.

Pero este efecto reflector es casi totalmente imaginario. Por un lado, no es «escalable». Si todos están preocupados por sus propias necesidades e intereses, entonces realmente no hay forma posible de que puedan gastar sus energías en los giros y vueltas de la vida de otra persona. A lo sumo, tal vez un par de personas estén prestando atención a la mayoría de tus movimientos, y probablemente sean personas cercanas a ti que se supone que te conocen mejor que nadie. E incluso ellos tienen sus propios asuntos en los que concentrarse.

A menos que seas una figura pública, una estrella de rock, una estrella de las redes sociales o cualquier otra persona reconocida, lo más probable es que los ojos del mundo no estén capacitados para estudiar todo lo que haces y dices. Incluso si eres una figura pública, tu estimación de cuánto te está mirando el mundo puede estar muy distorsionada.

El efecto reflector puede seguir siendo un problema y empeora enormemente la difícil situación de quienes complacen a la gente. Ya se sienten preocupados por no estar a la altura de las expectativas de los demás. Pero si también están sufriendo el efecto reflector, esos sentimientos se amplifican y multiplican porque creen que todos sus movimientos y errores son notados por las demás personas. Están aún más nerviosos y motivados para corregir todos los errores, hacer lo imposible y evitar cualquier atisbo de desaprobación o rechazo. Su preocupación se convierte en pánico total. Sienten que, si no solucionan un problema rápidamente, todo un grupo los rechazará.

Para combatir el efecto reflector, debes dar un gran paso fuera de ti mismo para evaluar si otras personas realmente se están fijando en ti. Concéntrate y observa las reacciones de otras personas. Esto te dará un respiro de su propio nerviosismo interno, que por sí solo se ocupa de una parte importante del problema. También es probable que te muestre que muchas menos personas se centran en cada uno de tus movimientos de lo que crees.

Por qué no debes ser complaciente

Estar bajo una directiva constante de complacer a todos los que puedas te afecta a ti y a tu salud emocional de varias formas adversas.

Autonegligencia. Cuando estás tan consumido por las necesidades percibidas de los demás, no te estás prestando ninguna atención. Podrías estar pasando por alto o ignorando las cosas que necesitas hacer para cuidarte. Esto podría incluir cualquier cosa, desde el ejercicio y el manejo del estrés hasta el pago de facturas y simplemente divertirte. Tal vez hayas hecho planes después del trabajo con amigos que no has visto durante un tiempo, pero te encuentras trabajando hasta altas horas de la noche para solucionar un problema que podría haber esperado hasta el siguiente día laboral. O te encuentras saltándote un entrenamiento para lidiar con un problema familiar que no es realmente una emergencia para ti.

Estos no son solo problemas mentales o emocionales: pueden convertirse fácilmente en problemas de salud física. Debes poder igualar tus necesidades con las de otras personas y lograr un equilibrio justo entre ambas partes.

Represión, resentimiento y agresión pasiva. Ponerse en una posición subordinada a todos los demás naturalmente hará que acumules enfado y amargura con las personas en tu vida. Después de pasar tanto tiempo apaciguando a los demás, este resentimiento puede filtrarse en forma de comentarios cortantes o bromas desdeñosas. Tal agresión pasiva nunca es beneficiosa para las relaciones y puede causar daños severos con el tiempo.

Una persona complaciente siempre debe cultivar un espíritu de generosidad y desinterés, lo que hará que los sentimientos más difíciles como la rabia, la angustia y la animosidad sean cada vez más profundos en tu interior. No te equivoques: si estas emociones negativas no son reconocidas y tratadas durante un largo período de tiempo, se manifestarán de manera feroz y posiblemente violenta. Podrías experimentar un colapso emocional y mental total y potencialmente también un colapso físico.

Piensa en un cónyuge sumiso que pasa demasiado tiempo trabajando en las necesidades de su pareja y tiene que dejar de lado sus planes y metas para hacerlo. Con el tiempo, es posible que el cónyuge tenga que lidiar con una ira que arde lentamente por no poder hacer lo que realmente quiere, y después de unos meses de callar, todo sale a la luz en una ira imprevista contra su pareja.

Incapacidad para disfrutar de la vida. Si siempre estás preocupado por todo lo que necesitas hacer por los demás, serás menos capaz de disfrutar de todo lo que la vida tiene para ofrecer. ¿Cómo puedes concentrarte en tu propia felicidad cuando estás tan preocupado por ser responsable de la felicidad de los demás? Estarás demasiado agotado mental y físicamente para disfrutar de una buena comida, un viaje por carretera de fin de semana o el partido de béisbol de tu hijo. Y esto podría resultar en un efecto real de atención: tus amigos y parientes podrán leer tu insatisfacción en tu rostro. Esto puede tener un efecto enorme en nuestros hijos: ¿qué les estás enseñando a tus hijos cuando simplemente te presentas para ellos, pero pareces completamente distante y desconectado?

Estrés y depresión. La definición misma de estrés es tener más solicitudes y necesidades de las que puedes manejar. Cuando intentas complacer a todos los que conoces, la cantidad de demandas de tu tiempo ciertamente crece sin un final a la vista. El estrés de estas demandas insatisfechas pronto se convierte en una depresión total y te quedas atascado en un ciclo del que es muy difícil escapar. Tu lista de tareas pendientes nunca se acorta y sigue llenándose de cosas para otras personas.

Cuando una persona complaciente está luchando por cumplir con todas las demandas que imagina que se le imponen, los niveles de estrés se salen de los límites solo por la cantidad de trabajo que realizan. Cuando se han agotado para mejorar la vida de los demás, pero no han experimentado ninguna prosperidad propia, eso puede causar una depresión profunda que solo se detiene cuando comienzan una nueva ronda de agradar a las personas. Así es como funciona el ciclo.

Explotación. Si se te conoce por complacer a las personas, también te estás abriendo a que se aprovechen de ello. Más personas pensarán que estás dispuesto a hacer cualquier cosa por ellos y es posible que empiecen a acumular más solicitudes de las que son justas para ti. Las personas egoístas y explotadoras capitalizarán tus debilidades sin pensarlo dos veces. Incluso las personas que no son tan mezquinas no sabrán cuándo estás sobrecargado y esperarán cosas de ti que simplemente no puedas cumplir.

Esto es particularmente grave en el lugar de trabajo. Por ejemplo, un alto ejecutivo que está más preocupado por las ganancias podría asignarte una cantidad excesiva de trabajo que tú harías sin quejarte. Luego, uno de tus compañeros, que en general es amable, ve la eficacia y la lealtad con la que llevas a cabo todo tipo de tareas y empieza a considerarte la persona a la que «acudir» para todo tipo de cosas. No tienen idea de que estás siendo explotado y de que pasas noches en la oficina, simplemente porque no das la impresión de que te sientes así.

La necesidad de controlar. El mito sobre agradar a la gente es que es un acto de abnegación y sacrificio. Pero en realidad, es mucho más egoísta. Al tratar de hacer todo por los demás, estás tratando de manipular las opiniones, sentimientos y reacciones de otras personas hacia ti desde la deuda emocional. Realmente estás tratando de ejercer control sobre sus vidas y situaciones de una manera disimulada y solapada. En realidad, agradamos y servimos porque queremos cierto resultado de la gente. Queremos que haya una fuente de deuda emocional que nos mantenga en la órbita de la gente. Puedes imaginar cómo esto puede volverse manipulador fácilmente. Con el tiempo, este impulso se convierte en una necesidad y te conviertes en un fanático del control.

He visto que esto sucede en las cenas familiares de Acción de Gracias, donde la cocinera a cargo (tradicionalmente, francamente, la madre) se encarga de cada tarea en la cocina, a pesar de las ofertas de otros invitados para ayudar de alguna manera. La complaciente madre ha hecho todo por todos de una manera tan intensa que cree que nadie más lo hará bien. Entonces ella hace todo el trabajo, come en la mesa con los ojos caídos durante diez minutos y luego vuelve directamente a trabajar en el pastel de calabaza y la limpieza después de la comida.

Nadie conoce tu «verdadero» tú. Las personas complacientes tienen una imagen que mantener, y eso tiene un costo. Escudas y ocultas tus sentimientos hasta el punto de que la gente no sabe quién eres realmente. La gente solo conoce tu disfraz de agradar a la gente. Irónicamente, tu deseo de ser querido y apreciado por todos te hará más solo y desapegado, y quizás también poco auténtico.

Si el «verdadero» tú finalmente sale a la luz, podría ser mucho peor de lo que te gustaría. Es posible que tengas miedo de embriagarte porque es más probable que reveles todos tus pensamientos y puntos de vista privados, en particular los comentarios despectivos sobre las personas a las que has estado tratando de complacer todo el tiempo. Mientras que, si hubieras sido más honesto y directo antes, tus quejas podrían haber sido expresadas de manera más diplomática (y tal vez resueltas antes de tiempo).

Agradar a la gente no es lo mismo que generosidad o buena voluntad. No es algo que hagas porque tengas un verdadero interés en mejorar la humanidad o porque te preocupes por sus seres queridos. Más bien, agradar a las personas es una manifestación de brechas poco saludables en nuestras vidas emocionales y la necesidad de satisfacer el ego. Ser capaz de distinguir entre una bondad falsa y una compasión genuina es más fácil de lo que piensas, y los que se dan cuenta de que complacen a las personas no son muy apreciados. Más importante aún, no tienen una consideración suficientemente buena por *ellos mismos*.

Pero incluso con todos los argumentos sólidos en contra de agradar a la gente, es algo que todavía hacemos. Para detener eso, necesitamos descubrir qué fuerzas están detrás de agradar a las personas, de dónde obtenemos la creencia de que debemos hacerlo. Hablaremos de ello en el próximo capítulo.

Aportes:

- La necesidad de complacer a los demás puede parecer generosa y desinteresada, pero es una de las formas de comportamiento más egoístas. El agradar a las personas nace del miedo, la inseguridad y la necesidad de aprobación. Se basa en la triste creencia de que no es suficiente y que, por lo tanto, necesita aumentar su valor atendiendo las necesidades y deseos de las personas.

- Los orígenes de los instintos de agradar a las personas pueden provenir de una variedad de fuentes, pero la dinámica es siempre la misma. Buscó la aprobación, se le negó y tuvo que demostrar su valía de otra manera. Gradualmente, a través de la experiencia, se le enseñó que obtenía mejores resultados cuando servía y aplacaba a la gente, por lo que se convirtió en su estado natural.

- Esta compulsión se ve agravada por el efecto reflector, en el que tenemos la creencia distorsionada de que todo el mundo nos observa constantemente y nos separa. Esto es perjudicial para las personas «normales», pero es todavía peor para las personas que complacen a las personas porque lleva su inseguridad a nuevos niveles, lo que provoca una serie de comportamientos perjudiciales.

- No te equivoques al respecto; complacer a la gente es perjudicial. Puedes obtener la aprobación que busca a corto plazo, pero será fugaz y falsa. Entonces tendrás que lidiar con las consecuencias, por ejemplo, la represión y la supresión que se filtran en un comportamiento pasivo-agresivo, que finalmente explota como un volcán, o la felicidad y la salud generalmente comprometidas debido a la abrumadora cantidad de tareas que se asignan a sí mismos. Finalmente, podrías terminar con relaciones sesgadas porque te estás poniendo en un rol subordinado y constantemente poniendo cara.

Capítulo 2: Orígenes y causas de las personas complacientes

Ves a alguien colándose en la fila. Sabes que no está bien. Sabes que tienes todo el derecho a recordarle a la persona dónde está el final de la cola. Pero la idea de hablar provoca un incremento de la tensión dentro de ti, haciéndote un nudo en el estómago y formando un nudo en la garganta.

No puedes decidirte a hacerlo. Decides que es mejor dejarlo pasar. Con esa decisión, sientes que la tensión dentro de ti disminuye, tu estómago se relaja y tu garganta se desatasca. *Ah, eso está mejor.*

Si te gusta complacer a la gente o eres alguien que constantemente siente que no puede imponerse, las sensaciones descritas anteriormente te resultarán familiares. Las experimentas cada vez que quieres decir no a las solicitudes de los demás o tienes sentimientos y opiniones que van en contra de lo que la gente espera que tengas o te enfrentas a cualquier situación que requiere que priorices o hagas valer tu voluntad de alguna manera.

Pero si bien puedes estar familiarizado con la escena que se desarrolla en tales ocasiones, ¿qué tan bien conoces lo que hay detrás del guion que estás ejecutando continuamente? ¿Has considerado pensar en los orígenes y las causas de tales tendencias para complacer a los demás? ¿Cuáles podrían ser las razones por las que sientes tensiones tan abrumadoras y emociones negativas cada vez que te encuentras en una situación en la que necesitas defenderte, decir no y rechazar a los demás?

Este capítulo tratará de investigar esos orígenes, causas y razones, los mecanismos subyacentes que continúan impulsando comportamientos agradables y no asertivos para las personas, incluso cuando están demostrando ser destructivos. Si bien la psicología popular podría simplemente precisar el origen de tales comportamientos en traumas infantiles, la historia real es una cornucopia más complicada de inseguridades psicológicas, creencias distorsionadas y temores irracionales. *Pueden* involucrar experiencias de la infancia, pero típicamente son patrones de pensamiento continuos moldeados por el entorno actual o cultivados por el propio individuo.

Considera el caso de Jackie. Al crecer como la mayor de cuatro hermanos en un hogar sin padre, Jackie aprendió lo que era la responsabilidad temprano en su vida.

Desde una edad temprana, se volvió muy buena para sentir lo que los demás necesitan y quieren, aunque no lo digan, y ha hecho su misión personal asegurarse de que esas necesidades y deseos se cumplan. Ayudó a su madre con las tareas del hogar, trabajó mientras estudiaba y fue la segunda madre de sus hermanos menores. Este patrón de comportamiento eventualmente impregna sus amistades, relaciones laborales y también vínculos románticos. Se enorgullecía de ser la primera persona a la que todos llaman si necesitaban ayuda, una suplente o simplemente alguien que los escuchara.

Consideraba la falta de tiempo para sí misma como una especie de insignia de honor, una indicación de su abnegación y devoción por todos los que la rodeaban.

Ahora, una mujer de 45 años y madre de dos hijos, Jackie todavía vive incondicionalmente con la creencia de que ser una esposa digna, una madre confiable y una buena persona en general significa siempre poner a los demás primero. Tiene un trabajo de tiempo completo y al mismo tiempo se encarga de todo en el hogar, sintiendo vergüenza cada vez que siente que necesita la ayuda de su esposo o sus hijos cuando se trata de las tareas del hogar.

Ella cree que, como madre, es responsable de todo, desde mantener actualizada la lista de la compra hasta mantener a todos felices y contentos. Se siente culpable por tomarse un tiempo para ella misma para hacer ejercicio, hacerse chequeos médicos regulares, pasar un buen rato con amigos o simplemente relajarse sola, porque es consciente de la lista cada vez mayor de cosas que hacer y compromisos que no puede dejar de lado sin parecer una persona irresponsable.

Con el tiempo, Jackie comienza a sufrir con más frecuencia una variedad de dolencias físicas, desde el resfriado común hasta las migrañas y las úlceras por estrés. Y, aun así, se siente culpable por enfermarse, porque entonces está incapacitada para cumplir su propósito, que es cuidar de los demás, en lugar de tener que ser atendida.

Para personas como Jackie, el verdadero problema no es su comportamiento complaciente. Tales comportamientos son simplemente las manifestaciones visibles de problemas más profundos, como hematomas en la piel que aparecen como consecuencia del trauma del tejido debajo de ellos. En otras palabras, agradar a las personas es un síntoma más que la causa.

Este tipo de comportamiento complaciente puede deberse a varias razones. Cuatro en particular tienden a levantar la cabeza repetidamente.

Primero, para algunas personas, existe la creencia distorsionada de que servir a los demás es natural y que cuidar de uno mismo es lo último. Las relaciones tienen que ver con el servicio, y cuanto más unilaterales, mejor. Con el tiempo, es posible que hayan generalizado esa tendencia a subordinarse a todos los demás con los que se encuentran en sus vidas. Si posees esta creencia, es fácil ver cómo la culpa extrema te impediría hacer lo contrario.

En segundo lugar, muchas personas complacientes sufren problemas de autoestima. Sienten un sentido de autoestima y una oportunidad de aceptación solo si dicen que sí a todo lo que se les pide.

En tercer lugar, muchos de los que están ansiosos por agradar equiparan el agradar a las personas con amabilidad y ser buenos. Por el contrario, equiparan el decir no y autoafirmarse con dureza y ser malo. Esta mentalidad los hace vulnerables a que se aprovechen de ellos, ya que hacen todo lo posible para preservar esa imagen de ser siempre «buenos».

Y cuarto, muchas personas complacientes se comportan como lo hacen porque temen la confrontación. Prefieren morderse la lengua hasta sangrar antes que decir algo que pueda agitar el bote, construyendo finalmente una vida de resentimiento y emociones no expresadas.

Estas cuatro causas específicas de la llamada enfermedad del agrado son las que trata este capítulo. Si tus relaciones personales y profesionales han sido infectadas por esta enfermedad, es importante que primero comprendas tus orígenes en el contexto de tu propia experiencia y psique.

Cuando comprendas por qué te comportas de la manera en que lo haces, estarás en una mejor posición para saber cómo liberarte de esta tendencia de agradar a la gente. Conocerás las mentalidades que necesitas para captar y cambiar, así como las soluciones específicas y los pasos a seguir que funcionarán mejor en tu situación. Entonces, para equiparte mejor en las próximas etapas de dejar este hábito autodestructivo, primero tómate un tiempo para aprender todo sobre las siguientes causas específicas de agradar a las personas.

La necesidad de complacer y servir

Desde que eras niño, es probable que te hayan enseñado que ser considerado con los demás siempre es más admirable que ponerte a ti mismo en primer lugar. Te elogiaron por ser lo suficientemente generoso como para compartir ese paquete de galletas con tu hermano o para darle a ese otro niño la oportunidad de jugar en el columpio después de haber pasado un tiempo en él. Por otro lado, te amonestaban cada vez que te negabas a compartir o te apartabas por el bien de los demás.

Si bien ciertamente hay valores importantes arraigados en tales enseñanzas y experiencias, por ejemplo, las de la generosidad y la compasión, generalmente se enseñan con tal vigor unilateral que es probable que hayas desarrollado una creencia distorsionada de que nunca se te permite ponerte en primer lugar.

Has llegado a creer que siempre debes servir y poner a los demás en primer lugar, hasta el punto de que hacer las cosas por ti mismo te genera intensos sentimientos de culpabilidad. No importa que tales cosas sean realmente esperadas o incluso necesarias para tu bienestar personal. Simplemente te han condicionado a pensar que hacer esas cosas por ti mismo es motivo suficiente para el desprecio y el autorreproche. En lugar de eso, necesitas complacer y servir a los demás para evitar sentir la culpa que conlleva darte prioridad.

Si así has llegado a creer que tu propósito es complacer a los demás, naturalmente pensarías que defenderte y rechazar a los demás simplemente va en contra de tus valores fundamentales. Esperas mantener la generosidad y la bondad complaciendo siempre a los demás. Entonces, cuando molestas o disgustas a alguien al priorizarte a ti mismo, sientes una inmensa culpa, una culpa que tomas como una señal de que has violado algún código moral significativo. Consideras esa gran culpa como un recordatorio de que rechazar a los demás y priorizarte a ti mismo debe ser malo y que, por lo tanto, debes ceñirte a poner a los demás en primer lugar todo el tiempo.

Por ejemplo, Dave es un gerente humilde y trabajador que siempre está listo para asumir la responsabilidad de cualquiera de los miembros de su equipo. Piensa que, por ser un líder, todos los demás en su equipo son su responsabilidad, hasta el punto de que terminaría haciendo las tareas que les delegó si no lo hicieran. Él cree que se espera que sea la persona versátil para cada tarea, y siente una gran culpa si no atiende las necesidades o resuelve los problemas de cada uno de sus miembros.

No confronta a ninguno de sus subordinados por un rendimiento insuficiente o incluso por malos comportamientos, porque teme que, si lo hace, se sientan mal, pierdan la confianza o se vuelvan en su contra. En cambio, duplica sus propios esfuerzos solo para tapar cada error y complacer a todos en su equipo, incluso si eso significa sacrificar su tiempo personal o familiar. Convencido de que poner a todos los demás en primer lugar es parte de su deber como líder, Dave se siente culpable ante la idea de tomarse un tiempo para priorizarse a sí mismo sobre los miembros de su equipo.

Entonces, además de sentirte culpable por ponerte a ti mismo en primer lugar, la intensa necesidad de complacer y servir a los demás también se deriva de un sentimiento de responsabilidad por las emociones y reacciones de los demás. Si negarse a conceder un favor hace que un amigo se sienta mal, sientes que es culpa tuya.

Te sientes responsable de cada expresión de desaliento o mirada de decepción, porque crees que tienes el poder de evitarlo si sucumbes a lo que ellos querían. Y como te sientes responsable de la felicidad y la salud mental de los demás, estás dispuesto a sacrificar la tuya propia solo para evitar que los demás se sientan mal o se metan en problemas. Te vuelves demasiado ansioso por hacer lo que sea necesario para mantener felices a todos, creyendo que eso es una señal de que estás cuidando de la mejor manera tus relaciones con los demás.

El problema de tener este tipo de mentalidad es que refleja una visión sesgada de lo que son las relaciones saludables y satisfactorias. Las relaciones saludables implican un cierto grado de dar y recibir, un equilibrio entre considerar las necesidades de los demás y asegurarse de no descuidar las tuyas. Servir a los demás y desear la felicidad de las personas en tu vida son deseos razonablemente valiosos, pero no a expensas de tu propia salud y felicidad.

Inseguridad y sentimientos de inutilidad

Otra causa importante de agradar a las personas es una sensación de inseguridad e inutilidad profundamente arraigada. Cuando tienes tantas inseguridades y piensas poco en ti mismo, sientes que debes esperar ser rechazado en cualquier momento y, a menudo, sientes que te lo mereces. No puedes pensar en ninguna razón para que las personas se interesen en ti, y mucho menos te aprueben o te amen.

En el fondo, estás convencido de que no eres suficiente como eres y que no eres digno de amor, y esto te lleva a estar siempre en guardia ante un rechazo inminente. Te vuelves demasiado sensible a cualquier señal que pueda indicar tal rechazo, y eso incluye cualquier desaprobación o comentario brusco de decepción de las personas a las que intentas rechazar.

Tal anticipación y miedo al rechazo te llevan a complacer a la gente, ya que llegas a creer que ganas valor como persona solo cuando agradas o sirves a los demás como lo desean. Nunca has creído que puedes agradar a las personas tal como eres, por lo que terminas sintiendo la necesidad de esforzarte complaciendo o sirviendo a los demás para obtener aprobación y amor.

Haces lo que sea necesario para evitar el disgusto y el rechazo de los demás, porque con tu frágil sentido de autoestima, ese rechazo puede muy bien igualar la destrucción de tu propio sentido sobre ti mismo.

Tomemos, por ejemplo, a Helen, una mujer que pasó su infancia y adolescencia tratando de ganarse la aprobación y el amor condicional de una madre que repartía afecto solo cuando Helen mostraba un comportamiento obediente o sumiso. Ahora que es esposa y madre, Helen sigue repitiendo inconscientemente el mismo patrón de relación con las personas de su vida. Ella cree que su esposo le está haciendo un favor con solo quedarse con ella, y teme que sus hijos descubran que ella no es una madre lo suficientemente buena para ellos.

Para compensar su inseguridad y sentimientos de inutilidad, les da todo su tiempo y servicio sin tener en cuenta sus propias necesidades. Ella se considera digna de su amor solo en la medida en que estén complacidos con su comportamiento.

Sentirse indigno de amor no es algo que muchas personas admitan fácilmente. A veces incluso es algo completamente inconsciente, como una herida invisible pero profunda que no sabes que tienes, pero que aún te sigue lastimando lo suficiente como para impulsar muchos de tus comportamientos, sí, incluso agradar a las personas. Tal vez lo reconociste mucho antes de llegar a la pubertad. O tal vez hayas logrado convencerte a ti mismo de que no eres bueno en comparación con un hermano que tus padres siempre han favorecido sobre ti o con tu amigo popular que siempre recibe todas las medallas.

Has llegado a verte como indigno de aceptación y amor, si no ¿por qué las personas perderían su tiempo y energía emocional amándote cuando hay tantas otras personas mejores que tú?

En lo más profundo de tu ser, crees que no, que no mereces ningún amor que te sea dado libre e incondicionalmente. Pero en algún momento del camino, te has encontrado con esta idea: puede que no seas digno de ese amor como eres, pero tal vez haya una manera de ganar ese amor tratando siempre de ser más, de dar más, de servir más.

Y así, has caído en el hábito de complacer y servir a los demás lo mejor que puedes con la esperanza de obtener ese amor a pesar de sentirte indigno de él. Consideras que complacer a la gente es la solución, el elixir curativo para esas profundas heridas de inseguridad y sensación de inutilidad que has estado cuidando.

<u>Igualar el complacer a las personas con la bondad y la autoafirmación con la maldad</u>

La importancia de ser una buena persona es a menudo una lección básica que se enseña en el hogar y en la escuela, desde los primeros días moldeando a un niño. Cuando eres un niño, este es probablemente uno de los primeros consejos que te dio mamá o papá: «Juega bien», «Sé amable» y «Sé bueno».

Esas tres palabras clave a menudo también se usan indistintamente: agradable es igual a bueno, tanto que llegas a pensar en este dominio del comportamiento como blanco y negro. Crees que siempre debes ser amable para ser una buena persona, y cualquier cosa que manche esa imagen de bondad, por ejemplo, negarte a conceder un favor o llamar a alguien por violar tus derechos, te convierte en una mala persona. No hay necesariamente culpa involucrada aquí, como con la necesidad de servir a los demás. Esta es simplemente una perspectiva muy sesgada de cómo deberían funcionar las relaciones.

Esa mentalidad de equiparar ser amable con ser una buena persona y afirmarse a sí mismo con ser una mala persona es suficiente para producir comportamientos complacientes en cualquiera. Pero quienes son especialmente propensos a complacer a la gente de manera incondicional con respecto a esta causa son aquellos que consideran muy importante que todos los vean como buenas personas, todo el tiempo. Si te importa mucho que la gente te perciba como agradable y bueno, seguramente estarás dispuesto a sacrificar cantidades desmesuradas de tiempo y esfuerzo para satisfacer las necesidades y deseos de todos.

No quieres que una sola persona en tu vida se sienta infeliz por cómo te comportaste, porque solo se necesita un error de tu parte para hacer añicos esa imagen inmaculada de buena persona que has estado tratando de proteger. ¿El resultado? Nuevos niveles de comportamiento complaciente y no asertividad.

Por ejemplo, Bob siempre se ha enorgullecido de ser una buena persona y un buen amigo. Siente que estas cualidades son las que lo definen como persona y hace todo lo posible para estar a la altura de esa imagen. Cuando un amigo le pide un préstamo enorme, acepta, aunque sabe que su presupuesto no puede soportarlo. Cree que decir no lo convierte en un mal amigo y, en última instancia, en una mala persona, y no quiere eso.

Así que Bob hace lo que sea necesario para evitar ser esa mala persona y seguir siendo un buen amigo. Le presta a su amigo una cantidad que no puede permitirse. Para compensar esa cantidad, elude varios gastos necesarios durante un par de meses, acumulando cargos por mora e intereses que ahora necesita pagar por su cuenta. Sufre las consecuencias por temor a que rechazar el pedido de su amigo lo convierta en una mala persona.

Querer ser una buena persona e incluso querer ser visto como alguien agradable no son deseos deshonrosos, pero la idea de que no puedes afirmarte a ti mismo y al mismo tiempo ser una buena o agradable persona es una noción sesgada. Es perfectamente aceptable ser asertivo como lo requiere la situación, y no te haría menos buena persona por serlo. De la misma manera, la idea de que ser desinteresado todo el tiempo necesariamente te convierte en una buena persona también es una visión distorsionada.

El altruismo, por noble que parezca, puede convertirse en un vicio si lo usas indiscriminadamente, no por una preocupación genuina por los demás, sino por la necesidad de proyectar una imagen que la gente pueda admirar.

En la otra cara de la moneda está el egoísmo, que a pesar de sus connotaciones negativas es en realidad un concepto que vale la pena reaprender y practicar en medidas reguladas. Entendido bajo una luz diferente y aplicado bajo las circunstancias adecuadas, el egoísmo puede ser bueno.

Este buen tipo de egoísmo es necesario, centrarte en ti mismo para mantener tu salud y reponer tu energía antes de entregarte a los demás y evitar extenderte demasiado al atender las demandas de los demás. Por el bien de tu propia salud, felicidad y sueños, debes practicar este tipo de egoísmo sin sentirte culpable de estar quitando algo a los demás. De hecho, permitiéndote ser egoísta en ocasiones, puedes asegurarte de que podrás cuidar a los demás y compartir la felicidad que sientes por ellos más plenamente.

Miedo a la confrontación

Finalmente, agradar a las personas también puede surgir del miedo a la confrontación. Cuando tengas miedo de agitar el bote, te contentarás con aceptar lo que todos los demás quieren, te sentirás presionado a aceptar cada solicitud y nunca te atreverás a decir que no o defenderte. Esta combinación de tendencias y comportamientos da lugar a un único patrón: agradar a las personas.

Dado que siempre tienes miedo de ser directo con la gente con respecto a tus propias opiniones, sentimientos, deseos y necesidades, es probable que te veas reducido a convertirte en una presa fácil. Es más, es posible que no siempre seas consciente de que es este miedo a la confrontación lo que te lleva a comportarte de esa manera.

Si bien agradar a las personas puede tener sus raíces en el miedo a la confrontación, ese miedo a la confrontación puede, a su vez, tener sus raíces en orígenes aún más básicos. Puedes tener miedo de confrontar a la gente con lo que realmente quieres porque tienes miedo de que no te escuchen de todos modos. Es posible que estés ansioso porque tratar de defenderte a ti mismo solo te hará sentir humillado al final, si no logras ganar ese argumento para que se respeten tus derechos.

Puedes temer que la confrontación pueda llevarte a perder un trabajo, una relación o tu buena reputación. Puedes sentir aprensión de que la confrontación forzará a que surjan emociones desagradables e ingobernables (culpa, ira y disgusto, por nombrar algunos), tanto en ti como en aquellos a quienes te enfrentas. La conclusión es que tienes miedo de que la confrontación solo empeore las cosas y que tampoco puedas manejar eso.

Entonces, para evitar que las cosas empeoren, tienes una solución: evitar hablar, decir no o confrontar a alguien por completo y simplemente tomar lo que crees que es el camino de menor resistencia. Si resulta ser inacción, que así sea. Tu solución, en otras palabras, es convertirte en una persona complaciente.

Por ejemplo, considera lo que harás en una situación laboral en la que sientas que tus ideas siempre se descartan rápidamente y se te asignan las tareas más serviles a pesar de tener habilidades valiosas y más años en el trabajo que otros miembros de tu equipo. Deseas plantear tu preocupación con el gerente de tu equipo, pero tienes miedo de que confrontarla solo te haga parecer engreído o lleve a pensar que estás cuestionando sus habilidades de gestión y, por lo tanto, hará que se enfade contigo. Estos temores de arruinar tu imagen y tu relación con tu gerente te paralizan de hablar por completo y bloquean cualquier posibilidad de mejorar tu propia satisfacción laboral y tu crecimiento profesional.

Un aspecto complicado de evitar la confrontación es que no significa necesariamente que no tengas ganas de confrontar a nadie sobre tu situación. Un desajuste entre lo que se exige o espera de ti y lo que realmente quieres hacer a menudo crea un deseo de confrontación dentro de ti. Sin embargo, debido a que tienes miedo de las posibles consecuencias de actuar sobre ese deseo de confrontar, terminas postergando la confrontación.

Esto a menudo da como resultado que ese deseo de confrontación se filtre de otras formas, generalmente feas y dañinas. En lugar de expresarse directamente, se desborda a través de medios indirectos en forma de comportamientos pasivo-agresivos.

Los comportamientos pasivo-agresivos representan expresiones de hostilidad indirectas, a menudo inconscientes. Es posible que no le hayas dicho directamente que no a un colega que te solicitó que presentases un informe en su nombre, pero convenientemente te olvidas de hacer esa tarea como una forma de expresar indirectamente tu resentimiento por haberte pedido que lo hicieras. O puedes asegurarle a tu pareja que no estás enfadado porque no te llamó ni una vez durante su viaje de trabajo, pero tomas represalias actuando con frialdad y «olvidándote» de informarte sobre tu paradero durante toda la semana.

Entonces, si bien has logrado evitar la confrontación directa en un intento de preservar la buena voluntad en la relación, tus acciones aún terminan siendo contraproducentes al dejarte propenso a comportamientos pasivo-agresivos que socavan la relación de todos modos.

Por lo tanto, evitar la confrontación por temor a que solo empeore las cosas, irónicamente, da como resultado los mismos resultados que se supone que debe evitar. La ausencia de confrontaciones no significa que tu relación sea sana, y la presencia de confrontaciones no significa que tu relación vaya mal. De hecho, la capacidad de superar tu miedo a la confrontación para que puedas manejar mejor las situaciones de conflicto es necesaria para mantener relaciones saludables.

No importa cuán obediente y adaptable creas que eres, seguramente encontrarás un conflicto en un momento u otro, simplemente en virtud de que eres un individuo con tu propio conjunto de pensamientos, sentimientos, necesidades y valores que pueden muy bien diferir de las de los demás. Si deseas mantener saludables tus relaciones con los demás (y contigo mismo), deberás tener la capacidad de tolerar enfrentarte al conflicto y superar el miedo a la confrontación.

Agradar a las personas puede ser un hábito difícil de dejar, especialmente porque no es una tendencia descaradamente desagradable. De hecho, a menudo te ayuda a parecer sumamente agradable y noble, y ocasionalmente te recompensa con sentimientos de satisfacción cuando la gente te recompensa sonriendo y agradeciendo cada favor que otorgas y cada transgresión que dejas pasar.

Pero cuando analices más profundamente las causas y los orígenes de por qué estás haciendo todo lo posible por complacer a la gente, reconocerás lo desagradable que es complacer, tal vez no con respecto a los demás, sino a ti mismo. Apegarte a agradar a las personas es una señal segura de que continúas cultivando en tu interior una intensa necesidad de servir a los demás, inseguridades y sentimientos de inutilidad, suposiciones erróneas sobre lo que implica ser una buena persona o un miedo restrictivo a la confrontación.

Es hora de preguntarte si realmente deseas seguir viviendo tu vida de esta manera, encadenado al hábito autodestructivo de estar a disposición de todos los demás las 24 horas del día, los 7 días de la semana.

Si tu respuesta es no, entonces es hora de que te levantes por tus propios medios. Al comprender las causas de agradar a las personas, ya has dado el primer paso para liberarte de tus cadenas. Ahora es el momento de dar el siguiente paso adelante aprendiendo las formas en que puedes defenderte, decir no, rechazar a los demás y, en general, simplemente detener la manía de complacer a las personas que dejaste gobernar tu vida durante un día de más, en otras palabras, es hora de aprender cómo puedes mejorar para tratarte mejor a ti mismo.

Aportes:

- Hay muchas causas de comportamiento de las personas complacientes y comienzan con las creencias que tenemos sobre nosotros mismos en relación con los demás. En pocas palabras, no somos iguales; somos inferiores de alguna manera. Esto establece dinámicas interpersonales que permiten agradar a las personas y, de hecho, las recompensan. Lo he dividido en cuatro categorías principales que causan estas creencias.
    - o En primer lugar, hay una definición sesgada de las relaciones y cómo servir a los demás debe ser tu primera prioridad, en detrimento de ti mismo. Si posees esta creencia, te sentirás atormentado por la culpa si intentas actuar en contra de ella.

- La segunda creencia es un sentido de baja autoestima. Si no sientes que eres igual a los demás o que los demás te aceptarán tal cual eres, entonces queda claro que tu única posibilidad de aceptación es hacer todo lo posible y servir a los caprichos de las personas.
- En tercer lugar, se nos ha enseñado desde la infancia que la generosidad y la bondad son características admirables. Algunos de nosotros llevamos esto demasiado lejos y equiparamos priorizarnos con ser egoístas y negativos.
- Finalmente, muchas personas complacientes simplemente temen la confrontación. Odian la tensión y la incomodidad y harán todo lo posible para evitarlas. No quieren que el bote se mueva y se centran únicamente en mantener un perfil bajo.

Capítulo 3: Reprograma tus creencias

El capítulo anterior discutió las creencias que subyacen a los comportamientos de las personas complacientes: la creencia de que vives para complacer y servir a los demás, que eres indigno de ser amado tal cual eres, que afirmarte significa que eres una mala persona y que la confrontación debería evitarse a toda costa.

Claramente, agradar a las personas surge de visiones tan distorsionadas del mundo y de ti mismo. En lugar de sentirte como la persona completa y valiosa que eres, te has permitido creer que no lo eres. Has llegado a necesitar la aprobación de otras personas para llenar el enorme vacío que habrían llenado una autoestima y un amor propio saludables. Por lo tanto, tus opiniones y creencias sesgadas han tenido un impacto negativo en la forma en que te relacionas con los demás y contigo mismo.

Librarte de la necesidad compulsiva de complacer a la gente requeriría que cambiaras radicalmente la forma en que ves el mundo y, lo que es más importante, cómo te ves a ti mismo. Este capítulo trata de brindarte las herramientas para hacer precisamente eso: cambiar tu comportamiento reprogramando tus creencias y perspectivas centrales, especialmente aquellas que impactan directamente en tu tendencia a complacer a los demás primero y colocarte a ti mismo en último lugar.

Cambiando tus creencias: principios generales

Cambiar tus creencias no es cosa sencilla. Las creencias, especialmente las relacionadas con los comportamientos de las personas complacientes, a menudo se entrelazan de manera tan intrincada con tu historia personal, experiencias críticas y temperamento general que tienden a fusionarse con lo que eres. En cierto sentido, te comportas de acuerdo con lo que piensas y de acuerdo con lo que has experimentado.

Debido a que es tan difícil separar quién eres de lo que crees, una tarea como cambiar todo el piso de tu casa podría ser mucho más fácil que cambiar tus creencias. El trabajo duro es relativamente fácil de hacer porque es externo a ti, más concreto y controlable y, por lo tanto, también requiere menos fuerza de voluntad y disciplina de tu parte. ¿Pero cambiar tus creencias? Eso plantea un desafío más difícil. Tratar de cambiar lo que piensas sobre el mundo y sobre ti mismo requiere que lidies con algo interno, abstracto y fluido, sin mencionar la necesidad de un alto nivel de autoconciencia y enormes cantidades de concentración y devoción.

Pero, aunque cambiar tus creencias es una tarea difícil, de ninguna manera es imposible. Puedes aprender las mejores prácticas para llevarlo a cabo, y con suficiente dedicación y consistencia, podrás reprogramar tus creencias para crear una mejor versión de ti.

Una de las formas más confiables y probadas de cambiar tus creencias es mediante el uso de los principios de la terapia cognitiva conductual (CBT por sus siglas en inglés). Este método postula que puedes cambiar tu forma de comportarte cambiando tu forma de pensar. Básicamente, a través de la TCC aprendes a ser más consciente de los tipos de pensamientos que tienes, perfecciona tu capacidad para diferenciar entre pensamientos distorsionados y realistas y trabaja para reemplazar tus pensamientos distorsionados por pensamientos realistas.

El modelo BLUE es una estrategia CBT específica desarrollada por PracticeWise para ayudar a contrarrestar el pensamiento negativo. BLUE es un acrónimo inglés que significa el tipo de pensamientos extremadamente negativos que debes reconocer en ti mismo cuando te vienen a la cabeza. «B» significa culparme a mí mismo, «L» busca malas noticias, «U» significa conjeturas infelices y «E» representa pensamientos exageradamente negativos. A continuación, se muestra una explicación de cada uno de estos pensamientos y cómo se manifiestan en personas complacientes en particular.

Culpándome a mí mismo. Hay una diferencia entre ser responsable de tus acciones y regodearse en una excesiva culpa. Este punto se trata de detectar cuándo has caído en la trampa de este último. La autoculpa extrema comienza a nacer en tu mente cuando empiezas a pensar «*Todo es mi culpa*» o «*Lo estropeé todo por completo*». Si bien asumir la responsabilidad es un acto maduro y loable, culparse indebidamente por cada cosa mala que suceda es simplemente contraproducente e incluso se ha relacionado con problemas de salud mental como la depresión.

En el contexto de agradar a las personas, es probable que tengas pensamientos de auto culparte excesivamente después de un intento a medias de ponerte a ti mismo en primer lugar. Cuando rechazas la solicitud de tu hermana de cuidar a su hijo, puedes comenzar a sentirte culpable cuando ella comience a hablar sobre lo difícil que sería para ella encontrar una niñera. Piensas que definitivamente es tu culpa que ella tenga que pasar por todos esos problemas si te niegas. Así que lo haces, porque te sientes culpable y no quieres que las cosas vayan mal.

Buscando malas noticias. Es una tendencia común centrarse en lo negativo en lugar de en lo positivo. Si acabas de recibir nueve cumplidos y un comentario negativo sobre tu presentación en el trabajo, es probable que te estés concentrando en esa única crítica y te estés castigando por ello. Ten cuidado con los pensamientos que buscan las malas noticias en cada situación, porque esos pensamientos seguramente distorsionarán tu perspectiva para peor.

En las personas complacientes, tales pensamientos pueden manifestarse como un enfoque en las consecuencias negativas de defenderse a sí mismo. Cuando rechazas la invitación a la fiesta de un amigo, tu mente se concentra en el pensamiento de que el rechazo podría hacer que tu amigo albergue malos sentimientos hacia ti. Tú restas importancia a todos los aspectos positivos de ese rechazo, como hacer tu trabajo y descansar, porque tu mente se ha aferrado a esa única consecuencia negativa de molestar a tu amigo. Y así terminas priorizando lo que quiere tu amigo en lugar de ponerte a ti mismo primero en esa situación.

Predicción infeliz. Esto apunta a la idea de que las cosas van a salir mal en el futuro. Aunque no hay forma de saber qué sucederá, predices los peores resultados. La ansiedad y el pánico que despierta tal pensamiento pueden perturbarte lo suficiente como para convertir tu predicción en una profecía autocumplida. Si tienes una prueba muy importante para dominar, pero sigues diciéndote a ti mismo «*Va a ser un desastre*» y te preocupas tanto que ya no puedes pensar con claridad, entonces estás poniéndote directamente en manos del desastre.

Exageradamente negativo. Hay pensamientos que tiñen completamente todo de negro, y debes estar atento a ellos. Pueden sonar algo como «*Todo en este viaje apesta*» o «*Nada sale bien en mi vida*». Los pensamientos exageradamente negativos absorben toda esperanza y solo traen arrepentimiento y miedo, lo que hace que sea mucho más difícil para ti comenzar a avanzar hacia fines más productivos.

Si eres un complacedor crónico, posiblemente tiendes a tener pensamientos exageradamente negativos sobre ti mismo. Piensas que nada de ti es agradable, así que te esfuerzas por servir y complacer a los demás en un intento de agradar. Tomemos, por ejemplo, a Kylie, que creció creyendo que «*no sirvo para nada y nadie me amará nunca tal como soy*». Dado eso, siempre da demasiado para complacer a los demás y obtener de ellos el amor y la aceptación que nunca se ha dado a sí misma. Ella piensa que rechazar a los demás solo les demostrará cuán inútil e indigna de amor es ella realmente. Por lo tanto, ella vive su vida con el objetivo de complacer a todos los que la rodean.

Reconocer cuándo ocurren pensamientos BLUE en tu mente es solo el primer paso para cambiarlos. El siguiente paso es reemplazar esos pensamientos BLUE con pensamientos verdaderos. Mientras que los pensamientos BLUE se inclinan hacia la negatividad y la catástrofe, los pensamientos verdaderos son más positivos y realistas. Los pensamientos verdaderos te ayudan a tener una perspectiva más justa y te guían hacia la toma de acciones positivas en lugar de simplemente revolcarse en la autocompasión y la derrota.

Digamos que tienes un pensamiento BLUE que dice: «*Si me salto esta reunión de la asociación de padres para ir al médico por mi migraña, significa que soy un mal padre*». Primero, debes reconocer que tal pensamiento es exageradamente negativo y debe ser reemplazado por un pensamiento verdadero más realista. Para pensar en un pensamiento verdadero, Amy Morin sugiere preguntar qué le dirías a un amigo que te presentó ese dilema. ¿Le dirías a tu amigo que perderse la reunión significaría que es un mal padre? Probablemente no.

En su lugar, probablemente le dirías: «*Es mejor que primero te controlen la migraña, porque no puedes ser un buen padre si terminas enfermándote demasiado, ya que de este modo no podrás cuidar de tu familia. No asistir a una reunión no significa que seas un mal padre. Además, no podrías estar completamente presente en esa reunión con una migraña de todos modos*». Ahora piensa esos pensamientos por ti mismo como te gustaría que tu amigo lo hiciera por él. Practicar eso te alejará de los comportamientos autodestructivos y te llevará a una relación más saludable contigo mismo y los demás.

Cambiar los pensamientos BLUE en pensamientos verdaderos es un proceso central en la reprogramación de las creencias que subyacen en el agrado de las personas. Como se discutió en el capítulo anterior, hay cuatro creencias principales: (1) la creencia de que vives solo para complacer y servir a los demás, (2) la creencia de que eres indigno de ser amado tal como eres, (3) la creencia de que afirmarse a sí mismo significa que eres una mala persona y (4) la creencia de que siempre es mejor estar de acuerdo con los demás. Este capítulo desarrollará los pensamientos verdaderos que deberían reemplazar esas creencias distorsionadas.

Sobre la creencia de que necesitas complacer y servir a los demás

Pensamientos BLUE: B— «Merezco ser culpado si no pongo a los demás en primer lugar», L— «No ayudarlos ahora anulará todas las demás ocasiones en las que acepté ayudar», U— «Si los rechazo, definitivamente me odiarán y arruinará nuestra relación para siempre», y E: «Ser egoísta lo arruinará todo».
Verdadero pensamiento: «Está bien y, a veces, es necesario ser egoísta».

Ser egoísta siempre es malo. Este concepto, a menudo incrustado desde la infancia en nuestro pensamiento, es uno de los cimientos que conducen a una vida de ser alguien complaciente. Cuando, como niño obediente, se te enseña que ponerte a ti mismo en primer lugar equivale a ser una mala persona, desarrollas un patrón de pensamiento que te obliga a poner siempre a los demás en primer lugar.

Algo tan simple como jugar con otro niño puede haber plantado tales semillas de pensamiento en ti desde el principio. Ese tira y afloja por tu juguete favorito con otro niño puede haber terminado con tu madre diciéndote que lo dejes ir y aprendas a compartir, porque eso es lo que hacen los niños buenos. Fuiste elogiado por haber hecho caso a lo que te dijeron. Al descubrir tales recompensas por poner a los demás en primer lugar, continúas complaciendo a la gente para obtener aprobación y amor.

En el otro lado de la moneda está lo que sucede cuando vas en contra de esa lección fundamental y, en cambio, decides darte prioridad a ti mismo. De niño, es posible que hayas probado esos límites cuando te negaste a renunciar a tu juguete favorito por otra persona. Si bien fuiste inflexible en hacerte valer, es posible que te hayas sentido culpable de renunciar a él de todos modos mediante una serie de técnicas: que te digan lo triste que estás haciendo sentir al otro niño o que te etiqueten como un niño malo, entre otras cosas. A partir de esto, aprenderás que ponerte a ti mismo en primer lugar debería hacer que te sientas culpable. Con el tiempo, como adulto, sientes que algo no está bien en ponerte a ti mismo en primer lugar, incluso cuando se trata de cosas como priorizar tu salud.

Entonces, lo que comenzó como algo inocente: «No seas egoísta», a menudo se convierte en tu perdición a medida que evolucionas hacia la filosofía autodestructiva de que ponerte a ti mismo primero te convierte en una mala persona. Sentirte culpable por priorizarte a ti mismo, junto con obtener aprobación por poner a los demás en primer lugar, se convierte en el combustible para los hábitos de las personas complacientes que te resulta tan difícil romper.

Por lo tanto, para liberarte de tus patrones complacientes, tendrás que replantear tu forma de pensar sobre ser egoísta. Ser egoísta aquí simplemente significa concentrarse en uno mismo y ponerse en primer lugar, no necesariamente a expensas de los demás. Se trata de estar en sintonía con tus propias necesidades y deseos y de valorarse lo suficiente como para honrarlos en lugar de ser rápido para rechazarlos en nombre de complacer a los demás. Ser egoísta no siempre es malo. De hecho, es necesario ser egoísta de vez en cuando, por las siguientes razones.

No puedes servir completamente a los demás si no eres 100 % tú mismo. Está bien querer servir a los demás y nutrir las relaciones en tu vida estando ahí para las personas cuando te necesitan. Pero como en todo, la moderación es la clave, sí, incluso cuando se trata de algo tan noble como el servicio y la confiabilidad. Hay un punto en el que poner a los demás en primer lugar se vuelve perjudicial, no solo para ti sino para todos los involucrados.

Mira, lo que muchas personas complacientes no ven es que sacrificar tanto de sí mismos en la búsqueda de servir a todos los que los rodean es sabotear su propia capacidad de continuar estando ahí para los demás cuando realmente importa.

Cuando estás constantemente agotado, sin dormir y sobrecargado de estrés por cuidar de todos los demás, tarde o temprano te enfermarás, te desmotivarás o simplemente te sentirás indiferente con el trabajo, con los amigos y la familia. No tomarse el tiempo para dormir, comer y descansar lo suficiente seguramente te afectará, y eventualmente te robará tu capacidad para servir a los demás con una preocupación y placer genuinos. En un extraño acertijo, ser demasiado desinteresado te hace incapaz de servir eficazmente a quienes quieres complacer.

Por ejemplo, Sandra es una madre incansable y una ejecutiva de negocios dedicada. Queriendo ser una mujer de familia desinteresada y al mismo tiempo una mujer de carrera, sacrifica el sueño, a menudo se salta las comidas y renuncia al ejercicio y la recreación para poder tener más tiempo atendiendo las necesidades de todos en su familia y lugar de trabajo. A lo largo de los años, desarrolla úlceras por estrés graves debido a sus patrones de estilo de vida poco saludables y se encuentra confinada a una cama de hospital para una cirugía y requiere reposo en cama. En sus ansias por servir a todos los que la rodean, finalmente se encuentra incapaz de hacer nada por nadie.

La paradoja interesante es que para poner realmente a los demás en primer lugar y darse a sí mismo de manera significativa, se debe saber cómo ponerse en primer lugar y ser un poco egoísta en lo que cuenta. Al dedicar tiempo para ti y cuidar tu propia salud primero, te estás colocando en la mejor posición para continuar estando allí para las personas que te rodean cuando más lo necesitan. Entonces, al ser egoísta, recuperas lentamente tu sentido de ti mismo y puedes usar esta energía recién descubierta para ser mejor en lo que elijas para gastarla. Con suerte, tú te eliges a ti mismo, pero incluso si deseas elegir a otros, estarás mejor si estás 100 % operativo.

Eres el único responsable de ti mismo. Ser egoísta es necesario porque cuando se trata de eso, eres el único que realmente puede cuidarte. Otros pueden recordarte que comas bien o incluso servirte comida o instarte a hacer ejercicio o llevarte al médico cuando no te sientas bien, pero todas estas son acciones externas. Solo tú puedes consumir ese plato de comida saludable para tu cuerpo, reunir la autodisciplina para hacer ejercicio constantemente y captar las señales corporales que te indican cuándo debes ir a ver a un médico. Si sigues haciendo caso omiso de todo esto para poder atender a todos los demás, estás poniendo en riesgo tu propia supervivencia.

Recuerda, nadie más podrá hacer esas cosas por ti. Además, nadie se preocupará como tú porque simplemente no eres tú y te verás afectado de manera tangible. Nos gustaría pensar que nuestros padres o hermanos nos ayudarán cuando lo necesitemos, y es posible que lo hagan, pero aun así no podrán dedicarte todo su tiempo y esfuerzo. Solo tú puedes hacerlo, por lo que debes hacerlo sin sentirte culpable por ello. El agradar a las personas tiene que pasar a un segundo plano frente a la autoconservación. Al final, la autoconservación es nuestro objetivo fundamental, pero es fácil olvidarlo en el día a día.

Ser egoísta no equivale a ser irresponsable o ignorar a los demás. El hecho de que dejes a un lado las tareas del hogar durante medio día durante el fin de semana para descansar no significa que seas una persona perezosa. El hecho de que te hayas perdido la fiesta de tu amigo no significa que le hayas dado la espalda para siempre. Existe una diferencia entre limitar el tiempo que dedicas a los demás para poder cuidarte a ti mismo y ser una persona indiferente e insensible.

Date permiso para rechazar a los demás y perderte algunos compromisos sociales de vez en cuando, si eso es lo que necesitas para recargar las pilas. El mundo no opera en blanco y negro y, en consecuencia, no puedes ver el egoísmo como 100 % negativo. No es así. El estigma típico que conlleva el término «egoísta» hace que parezca un acto dañino, por lo que habitualmente estamos condicionados a evitarlo. Hay una forma incorrecta de ser egoísta: una que implica dejarse llevar por el egoísmo y buscar solo utilizar a los demás para beneficio personal. Ese egoísmo es más destructivo que útil. Pero es más bien la excepción a la regla y en absoluto de lo que estamos hablando aquí.

Solo queremos cuidarnos a nosotros mismos, ponernos en primer lugar según corresponda y protegernos sin necesariamente infligir daño a los demás. Todo lo que estamos alentando aquí es priorizar tus necesidades de vez en cuando y ciertamente por delante de los meros deseos de los demás. Este tipo de egoísmo es lo que te ayudará a salvarte de los patrones destructivos de querer agradar siempre a las personas. Además de los puntos anteriores sobre cómo replantear tus pensamientos sobre el egoísmo, hay dos formas principales de ser egoísta de manera proactiva (en el buen sentido).

Prioriza tu cuerpo. Ser complaciente con las personas afecta tu salud física. Si haces malabarismos con múltiples responsabilidades en el hogar y en el trabajo y tratas de mantenerte al día con las demandas de todos, es probable que pierdas el sueño, no tengas suficiente tiempo o energía para hacer ejercicio y dependas de las opciones de alimentos que se sirven rápido pero grasosas y definitivamente nada sanas. Mantener este patrón está garantizado para hacerte más vulnerable a contraer enfermedades, desde el resfriado común hasta enfermedades cardíacas graves. Esta es la forma en que ser un incansable complaciente con la gente puede literalmente matarte.

Entonces, antes de contraer cualquier daño irreversible en tu cuerpo, debes poner tu propia salud en primer lugar. De hecho, conviértelo en parte de tu nuevo filtro cuando llegues a la encrucijada de preguntarte si debes darte prioridad a ti mismo o a los demás. ¿Esto te dañará o será perjudicial para tu cuerpo de alguna manera? ¿Te vas a descuidar y volverte menos saludable? Si es así, debería ser un pase difícil de tu parte. Es una métrica útil que definitivamente evitará que hagas lo imposible por las personas si, por ejemplo, interfiera con tu rutina de gimnasio o tu horario de sueño.

Aprenda a decir no a las demandas para que puedas tomarte un tiempo para preparar y consumir comidas saludables, dormir y descansar lo suficiente y hacer ejercicio con regularidad. Reserva tiempo en tu horario diario para estas actividades esenciales de cuidado personal y protege esos espacios de tiempo para que no se vean afectados por demandas sociales extrañas. Estos espacios de tiempo te pertenecen a ti y a nadie más. Siéntete cómodo diciéndole a la gente que no puedes asumir una tarea o ir a esa reunión porque necesitas estar en el gimnasio o ir de compras o simplemente descansar. Es necesario ser egoísta de esta manera, porque cuando tu salud física está en la línea, todo lo demás está en juego.

Prioriza tu mente. Con la vida moderna presentando sus tensiones a cada paso, el significado del autocuidado ha evolucionado para poner cada vez más énfasis en el cuidado no solo de tu condición física, sino también de tu salud mental. Este es tu otro filtro para evaluar si debes o no hacer algo: ¿pones tu bienestar mental en un estado de infelicidad, tensión o malestar?

Digamos que un amigo tuyo hará una fiesta el fin de semana y quiere que vayas. Conociendo a tu amigo, eres muy consciente de que la fiesta seguramente será ruidosa y habrá mucha gente, lo cual no disfrutarás. Al darte cuenta de que no es probable que lo pases bien allí, lo mejor que puedes hacer por tu propia salud mental es rechazar la invitación de manera cortés pero firme. Debes tener en cuenta que rechazar la invitación no es lo mismo que rechazar a tu amigo y que priorizar tu propia tranquilidad y optar por un fin de semana de descanso es totalmente aceptable.

Las personas complacientes son vulnerables a estar en un estado constante de tormento psicológico. A menudo están plagados de inseguridades, sentimientos de inutilidad, ansiedad excesiva y culpa al rechazar a los demás, expectativas poco realistas sobre sí mismos y nociones distorsionadas sobre lo que implica ser una buena persona. Además de todo eso, pueden sentirse culpables por la sola idea de cuidarse a sí mismos, ya sea física o mentalmente. Salvo la última parte sobre la culpa, si servir a otra persona hace surgir esas emociones negativas en ti, deberías prestar atención.

Aprende a ser tu mejor amigo y respeta tus propias necesidades y deseos. Entrena tu mente para detectar pensamientos autodestructivos y dañinos que te dicen que no eres digno de amor y aceptación a menos que hagas exactamente lo que los demás quieren. Luego evita esas acciones, personas e impulsos. Las personas que realmente te aman y te aceptan lo harán incondicionalmente. No te rechazarán ni retirarán su afecto solo porque rechazaste su solicitud o te afirmaste.

Lo más importante es que dejes de sentirte avergonzado y culpable por ponerte a ti mismo en primer lugar. Ser lo suficientemente egoísta como para cuidar bien tanto de tu mente como de tu cuerpo es una habilidad esencial para la vida que debes dominar. Por otro lado, complacer a la gente es un hábito tóxico y dañino. ¿Cuál de los dos que nutres en ti mismo depende de ti?

Acerca de la creencia de que no eres digno de amor y aceptación

Pensamientos BLUE: B— «Nunca soy suficientemente bueno y es mi culpa no agradarle a nadie», L— «No importa que tenga algunas cualidades positivas. Mi mal humor es suficiente para alejar a la gente», U— «Nadie me amará y aceptará a menos que haga lo que ellos quieran», y E: «Soy la peor persona con la que se puede estar».
Pensamiento verdadero: «Soy digno de amor y aceptación tal como soy».

Sentirse inseguro e indigno de amor es otra fuerza impulsora detrás de los comportamientos de las personas complacientes. Cuando te sientes inherentemente carente, tratas de llenar esa vacante con la aprobación obtenida de los demás. Siempre pones a los demás en primer lugar, porque crees que es la única forma de ganar valor, estima y amor de las personas que te rodean. Crees que solo vales algo mientras seas útil para los demás y que, si dejas de complacerlos, pierdes valor como persona.

Entonces, ¿cómo reprogramar creencias tan sesgadas? La clave es verse a sí mismo bajo una nueva luz. Debes darte cuenta de tu valor inherente como persona, reconocer sus fortalezas y saber que no necesitas ser perfecto para ser digno. Al hacerlo, podrás aceptarte y amarte a ti mismo primero, en lugar de depender de que otros lo hagan por ti. Al desarrollar más confianza y enfocarte en tus propias prioridades, te volverás independiente de la aprobación y dejarás de usar comportamientos complacientes para sentirte amado y digno.

El viaje para aceptarte a ti mismo tal como eres es especialmente desafiante. Para ayudarte, aprende a aplicar los siguientes principios para aceptarte a ti mismo, como sugirió Paul Dalton.

Vives el sentimiento de tu pensamiento. Cómo experimentas el mundo, así como cómo te sientes contigo mismo, depende de lo que piensas. Si crees que el mundo te aceptará solo si pones a los demás en primer lugar, no verás más que pruebas de ello. Si crees que la única forma de ser feliz es si los demás te aprueban, entonces sentirás la necesidad de buscar la aprobación de los demás y te sentirá infeliz si te desaprueban.

Tomemos, por ejemplo, a Sarah, que piensa que la única forma de ser feliz es obteniendo la aprobación de todos. Cada vez que pone a los demás en primer lugar, recibe mucho aprecio y amor y eso la hace muy feliz. Si no logra complacer a los demás y, en cambio, obtiene la desaprobación, se siente infeliz. Sin embargo, lo que hace infeliz a Sarah no es el hecho de que algunas personas la desaprueben; más bien, es su creencia de que nunca podrá ser feliz a menos que todos la aprueben. Su creencia errónea de que la felicidad viene de fuera de ella es lo que realmente la está arruinando.

Pero si bien es más fácil detectar la falla en el pensamiento de Sarah cuando se presenta de esa manera, es más difícil notar creencias tan distorsionadas en uno mismo. Una forma de ayudarse a sí mismo a detectar tales distorsiones es hacerse algunas preguntas difíciles sobre las creencias y pensamientos sobre las relaciones, la felicidad y tú mismo. Pregúntate: «*¿Cuáles son las cosas que hago para ser feliz?*» o «*¿Cuáles son las creencias fundamentales que tengo sobre mi valor como persona?*» Tómalo como un ejercicio de autoconciencia y escribe tus respuestas en un diario para que puedas aclarar mejor tus pensamientos.

Todo lo bueno está en el interior. En esta era moderna en la que las redes sociales han hecho que sea mucho más fácil hacer alarde de los símbolos de estatus y comparar tu vida con la de los demás, es muy fácil creer que todo lo que vale la pena tener está fuera de ti: premios y reconocimientos, éxito financiero, posesiones materiales. Esta forma de pensar alimenta lo que Dalton llama el «yo aprendido», una versión de ti que se basa en todo lo que está fuera de ti para sentirte digno y aceptable.

Sin embargo, lo que el yo aprendido en realidad hace es separarte de quien realmente eres y de esa otra versión de ti llamada el «yo incondicionado». El yo incondicionado es el auténtico tú, el núcleo inocente que no ha sido tocado por todas las críticas y el trauma por el que has pasado. Este yo es el que sabe que es suficiente y digno, incluso sin todas las trampas de la aprobación externa y el éxito material. Eres consciente de que todo lo bueno está dentro y que la verdadera felicidad solo está dentro de cada uno. Es este yo incondicionado el que debes revivir para dejar de buscar la aprobación de los demás en un intento por sentirte digno.

Una forma de revivir tu yo incondicionado es tomar un descanso, desconectarte y pasar un tiempo a solas. Ve a un lugar tranquilo y relajante, donde puedas tener la libertad de volver a conectarte con las partes más profundas de lo que eres. Tómate este tiempo para redescubrir quién eras antes de permitirte ser presionado por la sociedad para convertirte en alguien que no eres solo para complacer al mundo.

Tu relación contigo mismo determina tu relación con todo lo demás. Tu relación contigo mismo impacta todo lo demás en tu vida. Si tienes una relación negativa contigo mismo, culpándote, reprendiéndote y viendo lo peor de ti todo el tiempo, estarás desesperado por buscar en los demás la aceptación y el amor que anhelas pero que no puedes darte a ti mismo. El peligro de esto es que serás vulnerable a relaciones abusivas y tóxicas con aquellos que se aprovechan de tu desesperada necesidad de aprobación.

Por ejemplo, si piensas tan mal de ti mismo y crees que no eres digno de ser amado, es más probable que toleres incluso el maltrato de tu pareja. Puedes sentir que mereces el abuso verbal o emocional que estás soportando, porque durante tantos años te has tratado a ti mismo de una forma dura. Simplemente querrás seguir complaciendo incluso a aquellos que ya se están aprovechando de ti, porque así es como obtienes un sentido de valor y amor.

Para desatascarte en ese patrón destructivo, comienza a tratarse a ti mismo con más compasión y amabilidad. Trata de ser un buen amigo para ti mismo. En lugar de ser el primero en culparte por cada error o desaprobación de los demás, sé amable contigo mismo. Recuerda que puedes equivocarte, que no eres responsable de la felicidad de los demás y, lo más importante, que puedes ponerte a ti mismo en primer lugar. A medida que aprendas a perdonarte y amarte a ti mismo primero, también comenzarás a sentir menos necesidad de buscar la aprobación y el amor de los demás. Te darás cuenta de que, si bien complacer a los demás puede sentirse bien por un momento, amarte a ti mismo se siente aún mejor de manera duradera.

Otro ejercicio que puedes hacer para desarrollar tu autoestima es hacer dos listas, una de tus fortalezas y otra de tus logros. Por ejemplo, en tu lista de fortalezas puedes incluir atributos como «creativo», «concentrado», «buen comunicador», «resiliente» y «honesto». En tu lista de logros, puedes enumerar cosas como «mejor proyecto premiado», «gestionó con éxito un equipo para lograr las metas de fin de año» y «organizó una exhibición de arte para la caridad». Tener esas listas te deja en claro los talentos, las habilidades y las cualidades positivas que tienes, pero que a menudo las pasas por alto mientras luchas con tus inseguridades.

Si te resulta difícil encontrar cosas para incluir en esas listas, intenta obtener la ayuda de un amigo o familiar que te apoye. Es comprensible que sea difícil identificar tus cualidades positivas si nunca te sientes digno en primer lugar, por lo que tener otro par de ojos para percibir tus cualidades de manera más objetiva sería de gran ayuda. Mantén esas listas accesibles y léelas todas las mañanas para recordar lo que traes a la mesa, ya sea que la gente lo apruebe o no.

Por último, es posible que desees considerar cómo tus propias expectativas podrían estar creando tus inseguridades y sentimientos de inutilidad. Si esperas ser el padre, hijo, hermano, amigo, vecino y colega perfecto, todo en uno, sin molestar a nadie ni estropear ninguna de esas relaciones, entonces te estás preparando para el fracaso. Seguramente sentirás que nunca eres suficiente, porque la realidad es que ninguna persona puede serlo todo para todos.

Si quieres dejar de sentirte indigno y carente, tendrás que reajustar los estándares que te has fijado para hacerlos más realistas. Haz una lista de los roles que desempeñas en la vida (por ejemplo, padre, amigo, colega) y escribe las expectativas correspondientes que tienes para cada uno. Reemplaza el perfeccionismo con expectativas más realistas sobre lo que puedes y debes hacer por los demás a medida que cumples cada función. De esa manera, llegarás a sentir una sensación de satisfacción al cumplir con esas expectativas en lugar de extenderte demasiado tratando de alcanzar los estándares imposibles de complacer a todos.

Sobre la creencia de que la autoafirmación es mala

Pensamientos BLUE: B— «Lo arruiné todo al hablar por mí mismo», L— «Ser asertivo no es bueno; solo trae una tensión no deseada en el grupo», U— «Si me defiendo, arruinaré mis relaciones con los demás», y E— «Afirmarme a mí mismo me convierte en una mala persona».
Verdadero pensamiento: «Puedo afirmarme y seguir siendo una buena persona al mismo tiempo».

El agradar a las personas también puede resultar de la creencia de que afirmarse a sí mismo automáticamente te convierte en una mala persona, del tipo que impone agresivamente sus necesidades y deseos a los demás. Al no querer ser visto como esa persona mala y agresiva, estás de acuerdo con lo que los demás quieren y nunca te defiendes. Crees que hacerte valer significa tener que ser agresivo al imponer tus propias necesidades y deseos a los demás, y no quieres ser ese tipo de persona.

Aquí está el problema con ese pensamiento: la creencia de que la única alternativa a ser alguien complaciente es ser un idiota agresivo es errónea. Deberás reprogramar esa creencia reexaminando lo que realmente significa ser asertivo. La asertividad se trata de poder decir lo que piensas y defenderte cuando la situación lo requiera. Se trata de tener seguridad y confianza en sí mismo sin ser agresivo o arrogante. Ser asertivo no te convierte en una mala persona; de hecho, la asertividad es buena. Es una cualidad necesaria para que fomentes relaciones productivas y satisfactorias con los demás.

Es importante darse cuenta de que la asertividad no es agresividad. Si bien es probable que la agresividad empeore una situación mediante el uso de fuerza innecesaria, la asertividad puede aportar claridad y resolución a una situación delicada. Por ejemplo, si sientes que tu supervisor le ha dado una calificación de desempeño injusta, hacer fuertes acusaciones de favoritismo es agresividad.

La forma asertiva de lidiar con tal situación es expresar con tacto tu preocupación y pedirle a tu supervisor que revise contigo las bases de la calificación que recibiste. Si se hace correctamente, la asertividad no da como resultado la ruina de tus relaciones, sino su mejoría.

Es comprensible que la asertividad no sea algo fácil de practicar para quienes complacen a las personas en particular. Si te gusta complacer a la gente, es probable que seas naturalmente afectuoso y compasivo con los demás, cualidades que puedes creer que son incompatibles con ser asertivo. Sin embargo, ser asertivo no significa que dejes de ser cariñoso y amable. A través de lo que Sherrie M. Vavrichek llama asertividad compasiva, puedes defenderte a ti mismo de una manera amable y cariñosa. Aquí hay algunas pautas que sugiere Sherrie sobre cómo practicar la asertividad compasiva.

Déjate guiar por la regla de oro. «Haz con los demás lo que te gustaría que otros te hicieran a ti». Cuando se trata de tener compasión y al mismo tiempo ser asertivo, esta regla debe ser tu guía. Si le pidieras a alguien que te hiciera un favor y en realidad no quieres hacerlo, ¿no preferirías que expresara que sería un problema en vez de hacerte el favor y guardar un resentimiento contra ti? Probablemente preferirías que sea directo al rechazarlo, pero que lo haga de una manera amable y con tacto.

Lo mismo ocurre cuando la situación cambia. Si hacerle un favor a alguien sería demasiado problema para ti, es probable que esa persona lo aprecie más si expresas tu negativa de manera suave pero clara. No querrán que les hagas ese favor pero que en tu interior lo hagas a regañadientes. Puedes pensar que estás protegiendo tu relación al tratar de complacerlo, pero al negarte a afirmarte, en realidad estás forzando la relación al permitir que se reproduzcan el resentimiento y la mala voluntad. Por lo tanto, lo mejor que puedes hacer por ti mismo, la otra persona y la relación es ser asertivo.

Busca una solución ganar-ganar. Los que complacen a las personas a menudo se ven atormentados por un conflicto entre las necesidades y deseos de los demás y los de ellos mismos. Si tu objetivo es complacer a los demás, tiendes a ignorar tus propias necesidades y, en cambio, priorizas las necesidades de los demás, lo que eventualmente se convierte en un patrón autodestructivo. Para contrarrestar esto, aprende a afirmarte con el objetivo de llegar a una solución que respete las necesidades tanto tuyas como de la otra parte. Reconoce las preocupaciones válidas de la otra persona sin ignorar tus propias necesidades. Mejor aún, ofrece sugerencias que ayuden a la otra persona.

Por ejemplo, si un compañero de trabajo te pregunta si cubrirías su turno, pero ya hiciste otros planes, puedes responder con «*Entiendo que realmente necesitas a alguien que cubra tu turno, pero me temo que no estaré disponible por otros compromisos... ¿quieres que verifique con Sam si está dispuesto a hacerlo*». Esta respuesta es asertiva pero útil y de apoyo para un amigo que lo necesita.

Entonces, como han demostrado las estrategias anteriores, puedes ser asertivo y al mismo tiempo ser una buena persona amable, compasiva y buena. No tienes que callarte y hacer lo que agrada a los demás todo el tiempo para que te consideren una buena persona. Aprende a pensar de manera diferente sobre lo que significa la asertividad y cómo practicarla en la vida diaria, y pronto comenzarás a reemplazar los patrones de persona complaciente con acciones seguras en ti mismo que te ayudarán a ponerte en primer lugar cuando sea necesario.

Sobre la creencia de que siempre es mejor estar de acuerdo con los demás

Pensamientos BLUE: B— «Soy el culpable si no puedo encontrar la manera de hacer bien lo que quieren», L— «Las consecuencias negativas de sacudir el bote son demasiado graves para arriesgarme a hacerlo», U - «Negarme o estar en desacuerdo con los demás solo provocará un conflicto que no puedo manejar», y E: «No tengo más remedio que complacer a los demás porque nunca superaré mi miedo a la confrontación».

Pensamiento verdadero: «Puedo aprender a manejar los conflictos y enfrentarme a los demás de manera apropiada».

Uno de los sellos distintivos de agradar a las personas es la incapacidad de decir no a los demás, expresar tus opiniones y emociones y afirmar lo que quieres. Si deseas complacer a todos los que te rodean, lo más probable es que tiendes a seguir simplemente lo que los demás prefieren y nunca te defiendes. Incluso si no estás interesado en complacer a la gente, puedes verte empujado a hacerlo indirectamente a través de un miedo paralizante a la confrontación.

Tienes miedo de molestar, así que prefieres no hablar. No quieres sacudir el bote, por lo que cumples con cualquier demanda o solicitud que todos los demás tengan para ti. El miedo al conflicto y la confrontación son fuertes motivadores de comportamientos agradables a las personas, por lo que si deseas dejar de ser a quien todo el mundo acude, deberás aprender a superar estos miedos.

Una forma de superar tus miedos al conflicto y la confrontación es mediante una técnica conocida como terapia de exposición y el uso de lo que se conoce como jerarquía del miedo.

¿Qué es la terapia de exposición? La terapia de exposición es el proceso de colocarte deliberadamente en situaciones que te causan miedo y ansiedad. Tendrás que sumergirte en tus situaciones temidas de forma gradual y progresiva, partiendo de las situaciones que te provocan la menor ansiedad y avanzando posteriormente hacia las que provocan los sentimientos de miedo más intensos. Esta técnica te permite practicar el permanecer con esos incómodos sentimientos de miedo y ansiedad hasta que ya no te molesten tanto y llegues a un punto en el que finalmente los superes.

La terapia de exposición es útil para ayudar a las personas a manejar una amplia variedad de miedos y fobias. Por ejemplo, se utiliza tradicionalmente para ayudar a las personas a vencer las fobias de ciertos animales (por ejemplo, serpientes, perros, arañas) o situaciones (alturas, ascensores, lugares concurridos). Para ayudar a las personas a complacer en particular, la terapia de exposición se enfoca en extinguir el miedo a la confrontación que les impide rechazar a los demás y defenderse a sí mismos. Aunque normalmente la llevan a cabo terapeutas, también puedes utilizar los principios de la terapia de exposición y practicarla por tu cuenta para ayudarte a superar tu miedo a la confrontación y, en consecuencia, disminuir tus tendencias de agradar a las personas.

Para practicar la terapia de exposición, tendrás que sumergirte en situaciones de conflicto y enfrentamiento. Y dado que a menudo es difícil pasar por esas situaciones si lo dejas solo al azar, tendrás que crear esos conflictos tú mismo. Pero antes de que empieces a imaginar que esta técnica te hará pelear con la primera persona que veas en la calle, ten en cuenta que el entrenamiento de exposición implica tareas razonables y cuidadosamente seleccionadas a un ritmo gradual y progresivo. Para las personas que tienen un miedo mortal al conflicto, cualquier cosa que implique afirmaciones les ayudará. Esto significa que vas a estar trabajando en una jerarquía del miedo, desde situaciones de conflicto leves que provocan la menor ansiedad en ti hasta confrontaciones más desafiantes que te causan más miedo.

Creando tu jerarquía de miedos. La jerarquía del miedo es una lista ordenada de situaciones que provocan tus miedos y ansiedades. Es algo que tú construyes y que se compone de factores desencadenantes y escenarios particulares de tu propia experiencia y organizados de la manera que creas conveniente.

Por ejemplo, tu lista puede comenzar con la tarea que menos te provoque ansiedad: tomarte más tiempo del habitual para hacer algo, como tomarte el tiempo necesario para pagar y contar el cambio en el mostrador de una tienda antes de pasar al siguiente cliente. Aunque no es una confrontación abiertamente directa, crea una situación de conflicto leve entre ti y el próximo cliente o el cajero. Aunque es poco probable que provoques un choque verbal prolongado, la situación te desafiará a permanecer con la tensión creciente que sientes por tomarte más tiempo del razonable para hacer algo.

Con el tiempo, es posible que trabajes el camino hasta realmente afirmarte en una situación de conflicto, como enfrentarte a un acosador. Es probable que esto implique una confrontación verbal real entre tú y otra persona, una que probablemente no sea la más comunicativa de las personas a las que confrontar. Esto creará un nivel aún mayor de tensión y conflicto para que puedas soportarlo y está destinado a ser algo que debes intentar hacia el final de tus exposiciones.

Ten en cuenta que la jerarquía del miedo está destinada a ser una lista graduada, comenzando con las tareas más fáciles y avanzando hasta las más difíciles. No sería aconsejable ni efectivo empezar por tomarse mucho tiempo pagando en el mostrador el primer día y al día siguiente enfrentarse a un matón. Deberás seguir una serie de pasos con niveles de dificultad ascendentes para que pueda aumentar gradualmente tu tolerancia a la incomodidad que proviene de estar en situaciones de conflicto. A continuación, se muestra una jerarquía de miedo de muestra con escenarios de confrontación específicos que puedes resolver en orden progresivo, desde el que produce menos ansiedad hasta el que induce más ansiedad. Cuando te sientas cómodo con la tensión en cada uno, además de internalizar la sensación de que puedes hacer estas cosas sin ningún efecto negativo sobre ti o el mundo, puedes pasar al siguiente paso. Ten en cuenta que esto es solo una muestra.

1. Tomarte un tiempo para recordar el código de acceso de tu tarjeta de crédito mientras pagas en el mostrador.
2. Pedirle a un vendedor que te diferencie dos modelos de productos

similares y tómate un tiempo para dudar sobre cuál comprar.

3. Rechazar una oferta de un vendedor para probar un producto o actualizar un servicio.

4. Decir no a un compañero de trabajo que te pide que cubras su turno.

5. Devolver un plato en un restaurante.

6. En una fiesta, informar al anfitrión que un bocadillo estaba demasiado salado.

7. En un restaurante, dejar caer los cubiertos a propósito varias veces y solicitar un reemplazo cada vez.

8. Decirle a un amigo que te devuelva algo que te pidió prestado. Dile una fecha específica en la que deseas que te lo devuelva.

9. Llegar tarde deliberadamente a una reunión.

10. Expresar tu opinión cuando no estés de acuerdo con la idea o el plan de un compañero de trabajo.

11. Negociar con un representante de cuentas para renunciar a los cargos

por pagos atrasados que te cobraron debido a una falla del sistema.
12. Pedir a los ruidosos vecinos de tu edificio que no hagan ruido.
13. Disputar los resultados de una revisión de desempeño que te realizó tu supervisor.
14. Hablar con un amigo sobre sus patrones de búsqueda de fallos y pedirle que deje de ser negativo todo el tiempo.
15. Decirle a tu jefe que deje de humillarte frente a la gente en el trabajo.

Recuerda adaptar tu jerarquía de miedos con respecto a tus ansiedades y miedos personales, que pueden variar de los anteriores, ya sea en clase, en orden o en ambos. Construye tu lista específica para los escenarios de confrontación que sean más significativos para ti. Si la lista anterior refleja las situaciones de conflicto que te gustaría probar, puedes reorganizarlas de acuerdo con la intensidad del miedo que crean en ti. También ten en cuenta que, como es comprensible que no siempre sea posible recrear situaciones de conflicto genuinas en la vida real, tienes la opción de visualizar los escenarios. Sin embargo, es mejor experimentar estas situaciones en la vida real siempre que puedas.

Cómo funciona la terapia de exposición. El principio de funcionamiento detrás de la terapia de exposición es que cuando te obligas a permanecer en la situación de conflicto y experimentas por completo la gama de emociones que sientes en ese momento, ya sea malestar, ira, ansiedad o miedo, llegarás a encontrar esas emociones difíciles más y más fáciles de tolerar y aceptar. Solo puedes manejar el conflicto con éxito si has llegado a un punto en el que te sientas lo suficientemente cómodo como para permanecer con las emociones difíciles que puede provocar, y eso solo puede suceder cuando dejas de evadirlo cada vez que surge. En esencia, descubres que las cosas no están tan mal como pensabas y sobreviviste muy bien. Esto permite que los miedos y las ansiedades se apaguen lentamente al darse cuenta de que no se producirán consecuencias negativas.

Por ejemplo, exponerse a las situaciones enumeradas en la jerarquía de miedo de muestra anterior te hará experimentar los sentimientos incómodos y los pensamientos de miedo que surgen al estar inmerso en un conflicto. Si te tomas mucho tiempo para recordar el código de acceso de tu tarjeta de crédito, ya que la fila de clientes que esperan para pagar se alarga, te sentirá ansioso, avergonzado y tenso. Pero a medida que continúas con esos sentimientos y te niegas a ceder a la presión de seguir adelante, pronto descubres que no importa cuántos pares de ojos sigan estando encima tuyo, el mundo no se terminará y tú no morirás en virtud de eso.

Lo máximo que probablemente puede suceder es que alguien te diga que te des prisa, y eso es todo. El mismo principio se aplica a cada paso del proceso: puedes decir que no, expresar tu desacuerdo y hablar en contra de un trato injusto sin que sea el final de tu vida como la conoces. De esas experiencias, aprendes que puedes permanecer en una situación de conflicto y sobrevivir a ella. A medida que te expones gradualmente a escenarios cada vez más desafiantes, también construyes una tolerancia cada vez más alta para la incomodidad que conlleva enfrentar el conflicto y la confrontación.

Otra cosa que puedes intentar es utilizar métodos de relajación mientras estás en el proceso de exponerte a situaciones de conflicto. Cuando sientas que tu corazón comienza a acelerarse, tus palmas se enfrían y sudan, y tu respiración se vuelve rápida y superficial, puedes contrarrestar esas señales de ansiedad haciendo un poco de respiraciones profundas. Conscientemente, calcula tu respiración para que sea más profunda y más lenta, contando cinco para inhalar por la nariz y otros cinco para exhalar por la boca. Relajar deliberadamente la respiración chocará con los síntomas de ansiedad que provoca la situación de conflicto. Esto entonces condicionará tu cuerpo y mente para que piensen que en realidad no estás tan ansioso como te has permitido creer.

Lo que el entrenamiento de exposición tiene como objetivo es hacer que te des cuenta de que el conflicto y la confrontación no son tan malos como te crees. Decir no a la invitación de un amigo a una fiesta no conducirá a la desaparición catastrófica de tu relación ni disminuirá la buena voluntad de tu amigo hacia ti. Decirle a un vendedor que no deseas suscribirte a lo que ofrece no te matará. A través de la terapia de exposición, puedes ver que puedes confrontar a las personas o incluso crear conflictos y, sin embargo, puedes salir ileso de la situación. La idea que te inculca esta técnica es que está bien enfrentarte a los demás cuando la situación lo requiere. Es probable que nunca te liberes de esa sensación de tensión incómoda que experimentarás directamente después de decirle que no a alguien, pero se vuelve cada vez más fácil con más práctica.

Al aprender a superar tus miedos al conflicto y la confrontación, te estás equipando con una herramienta valiosa para desterrar tus comportamientos agradables a la gente. Cuando ya no tienes tanto miedo de decirle a la gente que piensas de manera diferente, de decir que no a las demandas o de defenderte, eres menos vulnerable a ser una presa fácil. Aprende a hablar y hacer lo mejor para ti y a comenzar a tomar decisiones que protegen tu bienestar y enriquecen tu vida. Dejas de ser alguien esclavizado por la necesidad de mantener todas tus relaciones constantemente atractivas y satisfactorias para los demás. Y más que simplemente dejar el hábito de complacer a las personas, obtienes la mayor recompensa de convertirte en una persona propia.

Aportes:

- Toda una vida de agradar a las personas conducirá a algunas creencias profundamente arraigadas que requieren reprogramación. Un elemento básico de las creencias cambiantes es la terapia cognitivo-conductual, que es, en resumen, una forma de combatir creencias sesgadas con consideración y señalando patrones negativos. La manera más fácil de pensar en esto es a través de AZUL: «B» significa culparme a mí mismo, «L» buscar malas noticias, «U» significa adivinanzas infelices y «E» representa pensamientos exageradamente negativos. Podemos aplicarlos a las cuatro causas principales del comportamiento que agrada a las personas del capítulo anterior.

- Debes ser más egoísta. A menudo, tenemos la creencia de que el egoísmo siempre es malo y nunca es bueno. La realidad es que debes ser egoísta, incluso si quieres servir a los demás, porque solo así podrás operar a plena capacidad. El egoísmo no significa perjudicar a los demás, sino simplemente priorizar tu cuerpo y mente.
- Debes aceptarte y amarte a ti mismo. Tu relación contigo mismo determina tu relación con todos los demás, por lo que debes ser más compasivo contigo mismo y comprender que la aceptación es una elección, que normalmente se hace más difícil por los estándares y expectativas imposibles que te impone a ti mismo.

- Debes creer que la asertividad no es intrínsecamente mala y no equivale a agresividad. Considera lo que harías en el lugar de otras personas y sé creativo para encontrar formas en las que ambas personas ganen en una situación.
- Debes aceptar y sentirte más cómodo con la confrontación. Un buen método para superar el miedo a la confrontación es utilizar la terapia de exposición. Específicamente, crea una jerarquía de miedo para ti en relación con la confrontación. Esto te ayudará a acostumbrarte a la tensión y también te mostrará que no ocurrirá nada malo si te enfrentas a tus miedos.

Capítulo 4: Cambia tus hábitos

Ser constantemente una persona complaciente con la gente, como acabamos de discutir, puede alterar tu sistema de creencias al socavar tu autoestima, provocar sentimientos de culpa, evadir conflictos y debilitar tu confianza. Estos malos sentimientos alimentan la creación de malos hábitos. Los hábitos son respuestas automáticas a lo que se nos presenta, y muchos de nosotros en este punto estamos condicionados a complacer y servir automáticamente. En este capítulo, investigaremos qué son y cómo cambiarlos.

Janelle odiaba totalmente su trabajo. Sentía que todos los que la rodeaban eran aduladores que solo se preocupaban por lo suyo y por sus vidas sociales en lugar del trabajo que se suponía que debían supervisar. La cultura era tóxica y había una puerta giratoria en términos de contratación y renuncia. Pero permaneció en su empresa durante ocho años.

¿Por qué? Era a lo que Janelle estaba acostumbrada. No tuvo tiempo de cuestionar lo que estaba pasando y asumió mucha responsabilidad. Si no se encargara de todo, la empresa (pensó) se hundiría y quedaría en bancarrota, lo que habría sido peor. Sus días comenzaron a perder el sentido, y comenzó a hacer movimientos para irse a casa más rápido cada noche.

Janelle nunca expresó su opinión sobre cómo mejorar la cultura en el trabajo; simplemente asumió que había un proceso en marcha que era imposible de cambiar. En su primer trabajo después de la universidad en un bufete de abogados, aprendió de la manera más difícil que a algunas personas no les gusta que se cuestionen sus decisiones, gracias a un abogado penalista muy enojado que la delató. Ese recuerdo permaneció con ella durante mucho tiempo y le impidió hacerse notar.

Pero finalmente, después de ocho años sintiéndose sofocada y silenciada, Janelle había tenido suficiente. Ella dejó la empresa. Había llegado a un punto en el que no había razón para contenerse y explicó en detalle por qué pensaba que la cultura estaba rota, qué partes de las operaciones diarias debían abordarse y cómo tenían que cambiar para sobrevivir.

Janelle es una ilustración clásica de lo fácil que es caer en malos hábitos, especialmente si hubo alguna base emocional que lo inició. Se acostumbró a dejar pasar las cosas y no sacar a relucir sus problemas hasta el punto de que pasó ocho años en la miseria virtual. ¿Están las personas complacientes destinadas a esto? No si analizamos detenidamente nuestras respuestas automáticas y cambiamos nuestros hábitos.

Volverse consciente de sí mismo

El primer hábito que debemos desarrollar es el hábito de la autoconciencia. No entendemos *por qué* queremos complacer y no nos damos cuenta de *cuándo* lo estamos haciendo. La falta de conocimiento en estas dos fases significa que estamos condenados a repetir la historia. Cuando entendemos qué es lo que nos hace involucrarnos en ello, podemos evitar esos desencadenantes, y cuando entendemos cómo se siente cuando lo hacemos, podemos mitigar las consecuencias.

Esto comienza con cuestionar los motivos de tus acciones: «¿Por qué exactamente estoy saliendo de mi camino por esta persona?». «¿Realmente me preocupo por ellos, o simplemente tengo miedo de lo que podría suceder sin ellos?». «¿Estaría haciendo esto porque me nace o lo estoy haciendo por otra persona?». Trata de aceptar las emociones con las que se asocian tus comportamientos complacientes: ¿hay admiración y conexión de tu parte, o hay miedo o culpa? Adquirir conciencia de uno mismo puede ser tan simple como revisar una lista de verificación de preguntas cada vez que sientas que corres el riesgo de participar en agradar a las personas, diseñado para descubrir si estás actuando por tu propia voluntad o por una tendencia a agradar.

Todo el mundo lucha por ver sus emociones desde un punto de vista objetivo e imparcial. Especialmente para complacer a la gente, cuando colocas los intereses y las emociones de otra persona por encima de los tuyos, puede ser difícil dar a tus sentimientos el debido respeto que merecen. Después de todo, estás guardando tus emociones en el maletero. Por eso es importante, por difícil que sea, ser consciente de cuándo estás a punto de hacerlo.

Reconocer nuestras propias verdades es la forma en que aprendemos a cambiarnos a nosotros mismos. De lo contrario, seguiremos reaccionando a sentimientos con los que no estamos realmente en contacto o de los que no somos conscientes, y no hay forma de controlar nuestras realidades personales en ese caso.

La autoconciencia te ayudará a comprender por qué estás trabajando tan duro para complacer a otras personas, si lo haces porque realmente lo deseas o porque crees que *debes* hacerlo. Comprenderás si realmente estás mejorando las cosas o empeorando inadvertidamente las cosas. Y antes de caer en un acto de agradar a la gente, es muy posible que veas la oportunidad de tomar una decisión diferente.

Cuando estés a punto de hacer algo con otra persona que no estés seguro de querer hacer, toma nota del momento en que comienzas a sentir resistencia interna. Cuando eso suceda, detén todo y pregúntate por qué lo estás haciendo. Sigue preguntando la razón hasta que descubras la verdad sobre ti mismo que debes reconocer. Alternativamente, puedes utilizar el método popular de los «cinco por qué», en el que te preguntas «por qué» cinco veces y te respondes para llegar al problema real que estás teniendo.

Supongamos que vas a acampar con un grupo de amigos. Por lo general, tú asumes la mayoría de las tareas de preparación, como montar la tienda de campaña, organizar las comidas, ordenar los suministros al azar, todo eso. Eres la persona a quien todos acuden y tratas de hacer felices a otras personas en el campamento.

Aquí está el asunto: en realidad no te *gusta* acampar, ciertamente no lo suficiente como para hacerlo durante cuatro semanas en el verano. Todos los demás parecen divertirse más que tú. A fin de cuentas, preferirías estar en una casa de verdad con una copa de vino y una agradable sesión de atracones de Netflix.

«¿Por qué estoy acampando?». Bueno, a tus amigos les gusta hacerlo y tú quieres ser sociable con ellos.

«¿Por qué siempre tienes que estar acampando?». Porque no has ofrecido una idea alternativa para la recreación.

«¿Por qué hago la mayor parte de la preparación cuando ni siquiera quiero hacer esto?» Debido a que no has externalizado tu necesidad de ayuda, crees que es más fácil hacer algo en lugar de discutirlo, crees que eres la única persona que puede hacerlo, y así sucesivamente.

Y puedes continuar... Con el tiempo, llegarás a un punto en el que expondrás la raíz de tu problema y, con suerte, este momento profundo te hará reevaluar y cambiar la forma en que tratas de agradar a las personas.

Construyendo autonomía

El segundo hábito para cultivar es el de la autonomía personal. Lo que pasa con ser complaciente es que eliminas tu identidad personal de la imagen. Operas bajo el poder de la autoridad de otra persona. Confías en las creencias y pensamientos de los demás. No te atreves a expresar tus opiniones a menos que sepas que todos los demás sienten lo mismo que tú. A todos los efectos, dejas de existir. Suena duro, pero es una descripción precisa de alguien que se subordina a todos los demás. Simplemente no hay autonomía, y es tanto un hábito como una elección.

Todos necesitamos la aprobación de los demás. Prosperamos con elogios, cumplidos, elogios y amabilidad general. No hay nada de malo en eso. Pero las personas complacientes dependen *únicamente* de la aprobación de los extraños. Su baja autoestima los hace completamente dependientes de las opiniones de otras personas. Son como una sombra, ya que son completamente reaccionarios con otras personas.

¿Por qué es esto dañino? Porque, de nuevo, es un vínculo falso. Crees que estás siendo aceptado como parte de un equipo o alianza, pero en realidad te estás aislando más. Incluso si te felicitan por lo que has hecho, eso refleja una acción y no tú. Lo impulsa tu necesidad de aprobación, no tu propio carácter, cualidades o habilidades.

Por eso la autonomía, la capacidad de pensar y actuar independientemente de los demás, es tan fundamental. Las personas autónomas saben lo que realmente creen y por qué lo creen. Actúan con libertad y seguridad. Son capaces de efectuar cambios por sí mismos y no eluden su propia responsabilidad. Insertan sus propias opiniones y no flaquean cuando se les desafía. Por supuesto, la creencia de que puedes valerte por ti mismo es la antítesis de prosperar con la aprobación de los demás. Pero es esta simple creencia la que permite que la autonomía se libere de las expectativas de otras personas.

Cuando una persona autónoma ayuda a otra, es porque siente una preocupación real por alguien o algo basado en sus propias emociones o principios, no en los del mundo exterior. Es una elección libre que no nace del deseo de evitar las consecuencias negativas del rechazo o el juicio. Las personas autónomas generan un respeto *real* por parte de los demás, no solamente los elogios pasajeros u ociosos que impulsan a las personas a complacer.

Por ejemplo, supongamos que estás colaborando con otros en el informe anual de tu compañía. Te han puesto a cargo de hacer el informe escrito. Has notado en el pasado que la redacción del informe tiende a ser un poco seca y envolvente. Teorizas que es por eso por lo que nadie le presta atención una vez que se publica.

Otras personas que han trabajado en el informe en los últimos años piensan que la redacción ha ido bien. Dice exactamente lo que pretende decir, y no hay razón para esforzarse más que eso. No ven la necesidad de «hacer que la gente se preocupe» por lo que presentan. Te han dicho que no trabajes tan duro, hazlo como siempre se ha hecho y sigue adelante.

Escuchas sus consejos. Entonces lo ignoras. Desarrolla formas de presentar los datos que los hacen más comprensibles. Cuentas historias que explican los valores de tu empresa. Escribes una prosa que atrae, pero nunca fuera de lugar, cosas que nadie más había pensado hacer. El informe sale a la luz, llama la atención de todos los sectores, a los ejecutivos les encanta la iniciativa que tomas y alguien te da una nueva posición en señal de admiración.

Mientras que antes hubieras tomado el camino más fácil y hubieras hecho lo que era tradicional, tomaste una decisión y seguiste adelante basándote en lo que sabías que era mejor, independientemente de lo que pensaran los demás.

Ahora bien, la autonomía es una de esas cosas que es mucho más fácil decirlo que hacerlo. Pero la diferencia en el ejemplo anterior es que has valorado tu propia opinión sobre la de los demás. O al menos lo has valorado por igual y no has puesto tu propia opinión como de costumbre, por debajo de los demás. Ese es el primer lugar para comenzar a desarrollar el hábito de la autonomía. Sea donde sea que te encuentres, está allí por una razón, y debes usar ese hecho como evidencia para respaldar tus pensamientos independientes.

Haciendo menos

¿Un hábito que requiere hacer menos?

En todas las relaciones, ya sean personales o de negocios, las personas complacientes toman la actitud de que tienen que hacer todo lo posible hasta el *enésimo* extremo para simplemente sobrevivir. Este sentimiento hace que trabajen horas extras, más de lo normal, para que eso se dé. Para ellos, parece haber una relación lineal entre la cantidad de placer que dan y la cantidad de aprobación que reciben. Como mínimo, un gran esfuerzo de su parte es una parte necesaria de la ecuación.

Sin embargo, de manera realista, trabajar demasiado duro y hacer demasiado no contribuye a una unión saludable. Si trabajas demasiado en tu relación, entonces no tienes suficiente en otras partes de tu vida. Sin duda tienes buenas intenciones, pero el desequilibrio quita la fuerza de la relación y crea una dinámica poco saludable en la que se habilita la expectativa de desequilibrio. Es incorrecto pensar que una persona que hace un trabajo excesivo en una relación también puede compensar las responsabilidades de la otra persona. En pocas palabras, en ese caso, no hay una relación, al menos no una sólida.

Una gran relación, ya sea con tu supervisor, amigos o pareja, tiene éxito porque todos en ella asumen la responsabilidad de su propia parte del esfuerzo. Hay un sentido de equidad y consideración. Asumir los deberes de otras personas además de los tuyos solo estropeará la relación. El cliché es cierto: realmente no puedes respetar o amar a nadie más si no te respetas o te amas a ti mismo, y eso significa saber cuándo estás trabajando más fuerte de lo que deberías y dar un paso atrás.

Lucha contra el impulso de complacer a la gente de entablar una relación desigual en la que una persona hace todo el trabajo y no recibe nada a cambio. Una vez más, esto implica volverse consciente de ti mismo. Examina tu relación desde un punto de vista objetivo y comprende si existe una disparidad en cuánto está haciendo cada parte. Esto probablemente será fácil de observar si te preguntas y respondes honestamente a la siguiente pregunta: «¿Esta persona haría por mí lo que yo he hecho por ella?».

Cuando hayas llegado a esa conciencia, deja de trabajar en exceso simplemente *parando*. En cierto punto, tendrá que haber una línea que no cruces. Esto nunca será cómodo, especialmente con nuestro impulso de hacer todo lo posible para «asegurar» nuestro lugar en el corazón de la gente. De hecho, sentimos que cuando no estamos en movimiento, se olvidan cosas y se desperdician oportunidades. Pero considera el dicho «menos es más» y ten en cuenta que dar un paso atrás permitirá que otras personas den un paso adelante e igualen la relación. Debes darles a las personas el espacio para actuar por ti, no solo reaccionar ante ti.

Supongamos que estás a cargo de un presupuesto familiar. Esto implica saber qué necesita tu familia y cuánto asignarle, equilibrarlo con las facturas, el alquiler o la hipoteca y todo lo demás en lo que se gasta en un hogar. Nadie más en tu familia realmente presta atención al presupuesto, porque simplemente asumen que tú lo tienes todo bajo control, lo cual es una suposición justa si no dices nada de otra manera.

Tú haces todas las compras de comestibles. Haces todos los recados. Tú administras el plan telefónico de todos y el acceso a Wi-Fi. Tú tomas decisiones sobre las necesidades tecnológicas o informáticas de todos y gastas en consecuencia. Pero estás agotado por tratar de solucionar las necesidades financieras de todos y un par de tus hijos se quejan de que no obtuviste el tipo de bebidas que querían o de que su conexión es demasiado lenta para jugar en internet.

«Olvídalo», piensas. «Ya no puedo tomar todas estas decisiones. Si las personas necesitan algo, tendrán que tomar algunas decisiones por su cuenta. Y ciertamente no estaría de más si ellos mismos hicieran algunas de las compras». Tomas la decisión de hacer menos.

Entonces les dices a los niños que hagan listas de lo que necesitan o quieren. Tienen que resolverlo por sí mismos. Le dices a tu pareja que te gustaría que realmente hiciera algunas de las compras, especialmente para las cosas que pertenecen a lo que ellos quieren. Haces que todos controlen su propio uso de datos en sus teléfonos. Y cuando tienes que estar fuera de casa para comprar, haz que se ocupen de una tarea doméstica que tú harías si estuvieses ahí. ¿Fue tan difícil, además de darse cuenta de que era necesario hacerlo?

Has aliviado tu carga, redistribuido tus deberes, has hecho que otros se responsabilicen de sus propias necesidades y te has salido del circuito de complacer a la gente. Hacer menos y delegar y/o relajarte es un hábito difícil de adoptar porque, nuevamente, se siente como si las cosas se nos estuvieran escapando de las manos. No es así. La inacción por tu parte no significa que los demás no se ocupen de las cosas.

Aprendiendo a dejar ir

Es un hecho de la vida poco amable que algunas personas hagan y digan cosas terribles. Las personas desafortunadas que sufren por sus acciones y palabras pueden ser perseguidas por ellas durante largos períodos de tiempo, incluso eternamente. Los acosadores y las personas negativas han existido siempre, y muchos nunca reciben la recompensa que probablemente merecen. Algunos incluso son venerados por la forma destructiva que tienen.

No es necesario que simpaticemos o incluso intentemos comprender a esas personas negativas. No importan; están en el pasado. Pero muchas veces, lo que nos han hecho mantiene una presencia muy activa en nuestra psique. No podemos dejar de lado las horribles emociones que sus acciones insensibles y sus malas opiniones nos han inculcado. Todavía permitimos que lo que nos hicieron pasar nos restrinja en el presente, dicte nuestros pensamientos y nos impida esforzarnos por realizar nuestras posibilidades. Cualquiera que sea la experiencia pasada que haya erosionado tu valía o autoestima o te haya hecho temer las consecuencias negativas, intenta reconocer que no representa tu vida actual. Tus sentimientos no son la realidad, ni tampoco tus recuerdos.

(Antes de seguir, debo dejar muy claro que las personas que han sufrido abuso emocional, físico y sexual no son de las que estoy hablando aquí. Las víctimas de esas situaciones no pueden «simplemente superarlo». No busco mitigar su dolor en absoluto).

Olvidar esos recuerdos dolorosos es más fácil decirlo que hacerlo, por supuesto. No puedes dejar de escuchar palabras negativas. Desprogramar la basura que te han metido en la cabeza no es un proceso fácil. Aun así, estar atascados en el bucle del pasado es exactamente lo que nos detiene. Recordamos sus críticas y las mantenemos. En consecuencia, vivimos con el temor de una desaprobación invisible, que nos envía a correr para complacer a todos.

Eso no es realmente solucionar el problema. Está permitiendo que el problema controle nuestro pensamiento y nos impida crecer. Somos productos de nuestro pasado, pero no somos nuestros pasados, especialmente las partes que no elegimos. Somos quienes somos *hoy*, y esa es una elección enteramente consciente.

Nuestra primera inclinación cuando surge un problema es intentar deshacernos de él, pero eso no significa necesariamente *resolverlo*. No queremos hacer frente a la angustia emocional que causará el problema y queremos evitar todas las ramificaciones dolorosas que puedan surgir de él. Pero no estamos procesando el problema, solo estamos tratando de evitarlo y olvidarlo. Sabes que eso no va a hacer que desaparezca.

Entonces, cuando un recuerdo de una herida distante de otra persona surge en nosotros, huimos con miedo y hacemos todo lo que está a nuestro alcance para que la situación actual se *sienta* bien. Eso nos lleva a comportamientos complacientes.

Por ejemplo, supongamos que tienes un compañero de cuarto por el que tiendes a hacerlo todo. No es que sean perezoso o irresponsable, pero siempre le cocinas, le lavas la ropa, le haces algunos recados, etc. Parece un poco incómodo con este arreglo y se ofrece a quitarte algo de carga, pero tú sigues haciéndolo.

¿Por qué? Porque cuando eras niño, tus compañeros de clase se burlaban de ti por ser lento, nunca hacer nada bien o fallar, y esa intimidación ha dejado una marca en ti hasta el día de hoy. Entonces, para contrarrestarlo, te has convertido en un sirviente.

Dejar atrás el pasado es cómo hacemos soportables estas situaciones de una forma real. Pero tienes que tomar la decisión consciente de hacerlo. También debes reconocer el dolor que causó el evento pasado (este es un paso crucial) y no trates de eludir o negar cómo te hace sentir. Y por doloroso o impensable que sea, debes afirmar que no vas a permitir que los matones del pasado te victimicen en el presente. Se han ido y tú todavía estás aquí. No te diré que *tienes* que perdonarlos totalmente, pero diré, en muchos casos, que no es una mala idea. La mayoría de nosotros simplemente estamos haciendo lo mejor que podemos con lo que tenemos y no tenemos la intención de herir maliciosamente a todos los que nos rodean.

Cuando aceptes este sórdido pasado y adquieras el hábito de dejarlo ir, te sentirás más seguro y libre para ser tú mismo y para bajar del tren de complacer a la gente.

Sé más honesto

Agradar a la gente, como hemos comentado, implica ponerse un disfraz. Te estás disfrazando para servir a los demás. Esto implica una forma de deshonestidad en la que ocultas tus verdaderos sentimientos, pensamientos y opiniones. Ciertamente no mencionas si hay algo que necesitas de otra persona, y reprimir tus emociones casi nunca es algo bueno a largo plazo.

Por eso es importante adquirir el hábito de expresarse con honestidad. Cuanto más comuniques tu posición, más gente sabrá de dónde vienes (y cuáles son tus límites). Después de todo, la gente no puede leer la mente y esperar que los demás sepan lo que quieres es una tarea imposible. Explica lo que necesitas o quieres sin ambigüedades, con la convicción de que es lo que te mereces. Puedes pensar que filtras menos o que dices lo que piensas de forma más directa. Cualquiera que sea el caso, está claro que actualmente no eres honesto con las personas que te rodean con respecto a muchas cosas.

Esto puede implicar expresar una opinión con la que otros podrían estar en desacuerdo y eso podría resultar en una leve tensión. Tienes que permitirte esperar ese malestar y aprender a aceptarlo.

Por ejemplo, supongamos que sales con un grupo de amigos a diario. Generalmente, todo lo que haces es pasar el rato en un bar y beber demasiado. Te gusta estar en su grupo y la bebida parece formar una gran parte de la identidad del grupo. Pero te está empezando a pasar factura, física y mentalmente, y es posible que notes que en realidad no estás haciendo que la relación grupal sea terriblemente fuerte. Aun así, no has dicho nada porque no quieres enemistarte.

Pero ahora has llegado al punto en el que tienes que recortar y volver a concentrarte en tus propias prioridades. Así que envías un mensaje al grupo y les dices que tienes que hacer recortes, que estás preocupado de volverte dependiente de las sustancias químicas y que debes concentrarte en recuperarte. De hecho, sería genial si todos pudieran probar una actividad grupal en algún momento al aire libre.

Una motivación principal para agradar a las personas es sentir la aprobación de los demás. Pero aquí está la cuestión: no *necesitas* la aprobación de otra persona para hacer lo que quieres hacer. Si no planeas cometer un crimen, lastimar a otra persona o hacer algo destructivo, tienes derecho a hacer lo que quieras. En lugar de decirle a alguien que tienes la intención de hacer algo y preguntarle si le parece bien, simplemente di que lo vas a hacer. Y luego hazlo.

Es típico que las personas complacientes sientan o al menos se pregunten si merecen las cosas que quieren. Han estado anteponiendo las necesidades de los demás a las suyas y no han estado pensando en sí mismos, entonces, ¿cómo pueden saber si realmente merecen lo que quieren?

Aquí está la respuesta universal a esa pregunta: *sí, lo saben*. En vez de entrar en el ciclo de querer algo y cuestionarte si realmente lo mereces, simplemente concéntrate en lo que realmente necesitas. Es posible que no obtengas lo que deseas el 100 % del tiempo, pero eso es mejor que el 0 % de probabilidad que tendrás si no lo intentas.

Esto incluye establecer límites para ti mismo (que profundizaremos en el próximo capítulo). Las personas complacientes no se atreven a establecer límites que otros no puedan cruzar. En el proceso, incluso aquellos que ni siquiera *quieren* aprovecharse de ti, y la mayoría de la gente no lo hace, pueden hacerlo porque no saben cuáles son tus límites. Definir tus límites con total claridad contribuye en gran medida a detener futuros conflictos y errores. Y te ayuda a recuperar la parte de ti que te quita complacer a otras personas sin pensar.

Es posible que te sientas extremadamente preocupado por hacer este tipo de solicitudes. En ese caso, es posible que debas trabajar un poco más para *convencerte* de que tienes derecho a hacerlo. Aquí es donde escribir las cosas es extremadamente útil.

Antes de presentar tu apelación, escribe el motivo de tu solicitud. Sé detallado y abierto al respecto. Concéntrate en tu razonamiento y comprende todo lo posible, porque cuando hagas tu solicitud, serán la parte principal de tu estrategia de negociación.

Obviamente, si solo le estás pidiendo a alguien que te haga un favor, no necesitas poner el PowerPoint y crear una presentación de diapositivas complicada con tablas y gráficos. Pero incluso para preguntas relativamente pequeñas, vale la pena escribir tus pensamientos para ponerlos en orden. Y no dudes en revisar lo que has escrito con alguien más en quien confíes. Si tienes dificultades para encontrar razones sólidas para esta solicitud, es posible que no sea razonable para empezar.

Ser fuerte bajo presión

Una vez que hayas decidido ser más asertivo, te *enfrentarás* a la desaprobación: el enemigo que han vivido las personas complacientes. Esto puede implicar algunas críticas verbales o fuertes desacuerdos. Y algunos de ellos pueden picar, sin duda. Pero no te matarán.

Enfrentar este tipo de reproches podría ser la parte más difícil de tu camino hacia un comportamiento complaciente. Pero también es el que puede resultar más rentable, porque reforzarás tu dureza en casi cualquier tipo de crisis, incluso en situaciones más mortales que una disputa.

Lo primero que debes considerar es la fuente de tus críticas. Muy a menudo, el problema real que tienen tus críticos no es sobre ti en absoluto, son *ellos*. Vale la pena pensar detenidamente si sus quejas realmente tienen la intención de corregir tu «error». En realidad, pueden estar verbalizando y proyectando sus propios problemas al querer censurarte. O puede que no tengan idea de cómo es estar en tu situación o no tengan la menor idea de tus circunstancias. La crítica constructiva está bien, pero con frecuencia se ve empañada por la experiencia de alguien que no eres tú. Cuanto más te presionan, más profundo es el problema dentro de ellos. Toma en cuenta esa posibilidad.

Si estás cara a cara con quien te está juzgando, casi siempre vale la pena no dar una respuesta inmediata. Cuando alguien te critique o se queje de cómo haces algo, respira unas cuantas veces para calmarte.

Además, ten en cuenta que no tienes que responder en absoluto. No tienes la obligación de responder a la negatividad de tus críticos si no quieres. Puedes simplemente ignorarlos y seguir tu camino. Esto no es aconsejable en *todos* los casos, probablemente no quieras ignorar las opiniones de tu pareja o de un oficial de policía, pero ciertamente está bien en disputas que realmente no importan mucho a largo plazo.

Pero si eliges participar en un intercambio de ideas, recuerda lo que acabamos de hablar en la última sección: los desacuerdos están bien. Es común que dos personas no tengan el mismo punto de vista sobre un tema determinado. Con frecuencia, esas dos personas llevan una vida productiva y divertida después de su desacuerdo.

Me doy cuenta de que esto es más difícil de lo que podría parecer, porque todos quieren que los demás estén de su lado, si no, puede haber tensión. Pero no hay nada de malo en simplemente no poder llegar a un acuerdo y aceptar ese callejón sin salida. Hay demasiadas personas en tu vida como para esperar que todas se ajusten a tus creencias y acciones. Una vez que aceptes eso, probablemente sentirás que se te quita una gran carga de encima.

En todas las situaciones, cuando estés tratando con alguien que está enfadado contigo, no asumas inmediatamente que tú eres quien está equivocado. Las personas complacientes tienden a aceptar ese juicio rápido para mantener la paz, pero no siempre es correcto. Si realmente no puedes lidiar con la idea de que alguien pueda estar descontento contigo, entonces es más probable que comprometas tus creencias para ponerte de su lado. Además de lo *que* dice tu crítico, intenta averiguar *por qué* lo dice. La respuesta puede decir más sobre ellos que tú.

Las personas complacientes también tienden a asentir automáticamente. Cuando alguien les pide que hagan algo, lo hacen, ¡pum!, inmediatamente, sin hacer preguntas. Pero es mejor resistir ese impulso de simplemente estar de acuerdo en el acto. Eso causará una pequeña angustia en la persona que se recupera complaciendo, porque negar una respuesta instantánea creará una tensión incómoda en sus emociones. Si puedes resistirte a ceder la primera vez que te enfrentas a la presión, nunca será más intenso o difícil que eso. Solo necesitas cinco segundos de fuerza de voluntad extrema para mantenerte fuerte bajo presión y no doblegarte. A partir de entonces, cada vez es más fácil, especialmente con la misma persona.

Pero una vez más, *tienes derecho a hacer lo que quieras o necesites*. Eso incluye posponer tu respuesta hasta que hayas tenido más tiempo para considerar la solicitud, ya sea unos minutos o un par de días. Estás siendo completamente justo al retrasar tu respuesta hasta que hayas tenido la oportunidad de pensarlo. Tus prioridades son lo más importante.

No te sientas responsable por los sentimientos de otras personas

Finalmente, adquiere el hábito de comprender exactamente de qué eres responsable y de qué no lo eres.

Las personas complacientes acumulan una gran responsabilidad sobre ellos mismos, incluso en situaciones que no necesariamente los involucran, para cuidar de otras personas, lo que incluye salvaguardar sus emociones y cómo se sienten. Si hacemos que alguien se sienta mal debido a nuestra nueva asertividad o sentido de nosotros mismos, nos sentimos responsables de su difícil situación y actuamos para prevenirlo.

Instintivamente quieres ser el guardián emocional de alguien, y este deseo de evitar crear infelicidad en los demás crea la misma infelicidad en ti.

Entonces, si alguien exhibe un sentimiento negativo debido a que tú te reafirmas, la persona complaciente inmediatamente considerará que es su deber cambiar ese sentimiento o prevenirlo en primer lugar. Como sabemos, esto no es una cuestión de generosidad, es una cuestión de obtener aprobación y eliminar la inseguridad. Si lo haces por hábito, inconscientemente sientes que eres responsable de cómo alguien se siente y maneja sus emociones y lo feliz que es al final del día.

Eso no tiene lógica, al igual que un niño no es responsable de las discusiones de sus padres o un cónyuge no es responsable de los problemas laborales de su pareja. Pero pasa mucho. Cualquiera que sea el caso, nos ponemos en acción para tratar de aliviar nuestra culpa fuera de lugar.

Necesitas ver de manera realista de quién son los sentimientos de los que eres *realmente* responsable. Es imposible que tú cargues con tanta responsabilidad por alguien que no seas tú mismo, y es dañino tener esa expectativa. La idea de que tienes esa gran responsabilidad es una creación de tu propia mente, no es la realidad.

El mundo está en un estado de cambio constante, con muchas partes móviles y miles de millones de personas y animales que las operan. No puedes ser responsable de los sentimientos de todos porque hay demasiados elementos para que los maneje una sola persona.

Piensa en tu propia situación. La vida no es más que una serie de variables, muchas de las cuales no controlamos. Cuando tomas una decisión, generalmente consideras varios factores: la situación que se te ha presentado, la influencia de las personas cercanas a ti, la ingeniería social, etc. Dependes de una multitud de condiciones, circunstancias e impulsos para navegar tu vida. Todos los demás también. Lógicamente, no puedes ser responsable de todo.

En cambio, asume y haz valer tu *propia* responsabilidad, cosas que están completamente bajo tu control, es decir tus pensamientos, tus palabras, tus acciones y tus sentimientos. Cada persona es responsable de tus propias emociones. Y son las *únicas* personas responsables de tus emociones. Hasta cierto punto, debes desarrollar el hábito de ser menos empático con otras personas y más compasivo contigo mismo.

Podrías pensar que tratar de hacer felices a otras personas es virtuoso o de alguna manera te convierte en una mejor persona. Pero no es así. Sacrificar tu felicidad y salud para hacer felices a otras personas no es noble. Es egoísta. Cuando le prestas atención a alguien que constantemente siente lástima por sí mismo, lo estás entrenando para que sienta lástima por sí mismo. También lo estás entrenando para que te necesite. Demasiadas personas obtienen su sentido de sí mismas al ayudar a otros que no necesitan su ayuda. Estas personas no tienen idea de quiénes son, pero saben que otras personas las necesitan. Eso es lo que se dicen a sí mismos, al menos.

Los que complacen a las personas no nacen, están hechos. Han sido condicionados por los hábitos que han adquirido y dejado sin atender, porque cualquier cesación en sus constantes esfuerzos por hacer felices a los demás podría derribar su casa. Pero solo unas pocas alteraciones en el enfoque y el pensamiento contribuyen en gran medida a erradicar los malos hábitos, establecer buenos y finalmente alcanzar la libertad emocional.

Aportes:

- Desafortunadamente, con el tiempo, los comportamientos complacientes tienden a solidificarse como hábitos, respuestas automáticas al mundo. Podemos tener la intención de algo diferente, pero si nuestro primer y segundo instintos son agradar, no estamos mejorando en ser asertivos. Por lo tanto, es necesario cambiar algunos de estos hábitos inconscientes para romper tus patrones perjudiciales.

- Desarrolla la conciencia de por qué estás participando en comportamientos complacientes y podrás darte cuenta de que no lo estás haciendo por libre albedrío o generosidad. Esto puede ser tan fácil como preguntarte «por qué» cinco veces seguidas para tratar de comprender qué hay detrás de tus acciones.

- Desarrolla autonomía y libérate de las opiniones y pensamientos de los demás. Valora tus propias opiniones y pensamientos y no te subordines automáticamente a los demás.

- Haz menos y deja de crear relaciones unilaterales. Has condicionado a las personas para que confíen en ti y, para revertir esto, debes darles el espacio para actuar por sí mismos.

- Deja ir tu pasado. Informa quién eres, pero no eres tus experiencias y recuerdos. Trata de darte cuenta de cuándo estás actuando en el pasado o por tu propia voluntad.

- Sé fuerte bajo presión. Cuando dejes de complacer a la gente, enfrentarás algunas reacciones de enfado. No es necesariamente tu culpa porque tú has condicionado tus expectativas. Pero aquí es donde no debes doblegarte bajo presión, como lo hubieras hecho anteriormente. Solo se necesitan cinco segundos de fuerza de voluntad extrema, y cada vez es más fácil a partir de entonces.

- Deja de responsabilizarte por las emociones y la felicidad de otras personas. Todos son responsables de sus propias emociones y felicidad. No es necesario que seas el tutor emocional de alguien, especialmente si es perjudicial para ti.

Capítulo 5: Establece tus límites

Crear límites es esencial en tus esfuerzos por dejar de complacer a las personas. Muchas veces, no nos damos cuenta de que les estamos dando acceso completo a otras personas y les permitimos invadir nuestro espacio privado. Cuando permitimos que eso suceda, corremos el riesgo de perdernos a nosotros mismos y a nuestra identidad, lo que contribuye a nuestro hábito de complacer.

Conozco a Rhett y Grant desde la infancia. Éramos parte del mismo grupo de amigos en la secundaria y salíamos juntos con frecuencia hasta que fuimos a diferentes universidades después de graduarnos. Después de unos 10 años separados, ellos volvieron a conectar a través de Internet y se dieron cuenta de que vivían muy cerca el uno del otro y comenzaron a verse más.

En algún momento de esos 10 años, Rhett comenzó con una empresa de *marketing* multinivel. Ese es un negocio que vende un cierto tipo de producto (generalmente), pero también recluta agresivamente a otras personas para representar y vender su producto, y también trata de reclutar amigos y familiares con la esperanza de obtener mayores comisiones.

Grant, como me dijo, no soporta las empresas de *marketing* multinivel. Todas le recuerdan los esquemas piramidales. Sus padres tenían un par de amigos que participaron en esos programas en la década de 1970, y siempre los molestaban (y terminaron en bancarrota).

Además, Grant tenía un límite en el que era bastante firme: no le gustaba que sus amigos le vendieran nada, ya fueran productos, política, religión o cualquier otra cosa. Grant había escuchado (y hecho) suficientes «argumentos de venta» para el trabajo; no tenía ningún interés en sufrir por lo que dijeran sus amigos en privado. No quería mezclar negocios y amistad y tampoco quería sentirse presa de supuestos amigos.

Pero, por supuesto, eso es lo que hizo Rhett. Trataba constantemente de que Grant se convirtiera en representante de esta empresa, seguía tocando sus botones y le enviaba imanes de nevera y gráficos que Grant consideraba completamente sin sentido. En un momento, Rhett incluso sonó un poco hostil sobre el hecho de que Grant no estaba interesado.

Finalmente, Grant tuvo que regañar a Rhett: no quería que sus amigos personales le intentaran vender nada. Grant no quería eso, y si Rhett iba a continuar haciéndolo, tendría que dejar de tener contacto con él.

Rhett se enfureció bastante con Grant y cortó todo contacto. Después, Grant dijo que sintió un poco de remordimiento, pensando que debería intentar salvar la amistad. Pero Grant pasó por alto ese arrepentimiento y decidió dejarlo pasar. Tuvo que ceñirse a sus principios y lidiar con las consecuencias.

El alivio fue casi inmediato. Grant sintió que había defendido su código, que los amigos no deberían acosar a sus amigos con tratos en los que no están interesados, y que por más difícil que fuera perder a un amigo, es mucho más fácil que ser envenenado lentamente.

Los límites no solo se aplican a otras personas. También tenemos que imponer algunos límites a nuestros *propios* comportamientos y hábitos, porque no hay forma de que podamos funcionar correctamente sin regular nuestras propias actividades. Ejemplos de límites que nos fijamos a nosotros mismos incluyen los siguientes:

- Limitar la cantidad de tiempo que dedicamos a un determinado trabajo
- Mantener un presupuesto para no gastar de más en cosas que realmente no necesitas
- Observar la cantidad que consumes de ciertos alimentos o bebidas
- Establecer metas anuales razonables y realistas
- Mantener un horario diario que no te sobrecargue con responsabilidades laborales o sociales

Si no puedes hacerlo todo solo, entonces, ¿cómo puedes esperar hacerlo todo para los demás? La autodisciplina es una parte crucial de vivir de manera responsable y feliz, por lo que siempre es una buena idea comenzar por definir tus propios límites personales. Pero es importante para quien se recupera y agrada a las personas establecer claramente límites con los demás.

¿Qué son los límites?

En términos de seres humanos, un límite es una barrera invisible que rodea su espacio personal. Esta definición incluye tanto el espacio físico (el área literal e inmediata que te rodea) como el espacio emocional. Para los propósitos de lo que estamos hablando, estamos más interesados en el tipo emocional.

Los límites marcan las fronteras de la cantidad de personas que pueden traspasar tu vida emocional. Regulan el «espacio» que necesitas para ser tu verdadero yo sin coacciones, que necesitas que otras personas respeten. Este espacio es necesario para que tú mantengas una cierta distancia para que no te vuelvas demasiado dependiente de los demás ni te enredes con otra identidad. Pero un buen límite también define quién *puede* acercarse a ti para que no te quedes completamente solo o al margen.

Con límites sólidos, te sientes más libre para ser tú mismo sin la carga de las expectativas o demandas de los demás. Tienes espacio para ser más creativo, más fluido, más independiente y único. Obtienes una bonita zona de amortiguación que te permite pensar en ciertas situaciones con más calma y facilidad. Al mismo tiempo, un límite razonable te permite invitar a la persona con quién *tú* deseas compartir tus emociones, después de que, por supuesto, hayas definido tus propios límites personales en función de tus necesidades.

Las personas complacientes no saben o subestiman drásticamente su necesidad de establecer límites, asegurándose de que los demás sean felices antes de que se les permita siquiera pensar en encontrar su propia felicidad. Por lo tanto, al tratar de detener la rutina de complacer a las personas, ponerse firmes y establecer límites claros es un paso que no se puede pasar por alto.

Cómo saber que es hora de establecer límites

Especialmente cuando uno está esclavizado por complacer a la gente, puede ser difícil reconocer cuando otros están invadiendo nuestro espacio personal y traspasando nuestros límites. Después de todo, te has proyectado a ti mismo como alguien que está ahí para todos en todo momento sin tener en cuenta tus propias necesidades. A todos los efectos, las obligaciones de otras personas están dentro de tus límites. Si ese es el caso, ¿cuál es el punto? Entonces, el primer paso para establecer límites saludables es comprender *cuándo* se cruza esa línea y cómo se *siente* cuando sucede.

Para hacer eso, debes prestar atención tanto a tu cuerpo como a tu mente. Cuando estás cerca de alguien que te preocupa o te agota, ¿cómo reacciona tu cuerpo? Algunos síntomas típicos pueden ser un apretón en el estómago o tensión en la cabeza. Además, explica lo que pasa por tu mente cuando estás cerca de esta persona: ¿estás confundido, desatento o pensando en ideas sobre cómo escapar? Es posible que no puedas reconocer los límites vulnerados en el momento, pero las consecuencias deberían ser bastante reveladoras. Sabrás lo tenso o infeliz que te sientes después de interactuar.

Después de ese diagnóstico, tendrás algo de tiempo para definir exactamente qué es lo que te molesta de esta persona. ¿Es algo en su carácter (abrasivo, hiperactivo, irreflexivo)? ¿Es demasiado directo para tu gusto? ¿Te dice cosas que te ofenden o te molestan? Sé honesto y despiadado contigo mismo; recuerda, no es necesario que compartas esta información con nadie más.

Con toda la información que acabas de recopilar, tu reacción física, tu reacción mental y tu problema con la persona, en realidad se te ocurrió una especie de sistema de alarma. Si has asimilado todos estos pasos fielmente, la próxima vez que sientas que algo de eso está sucediendo, te servirá como una advertencia de que necesitas reexaminar o establecer límites.

Sabrás cuando alguien ha cruzado tu espacio personal o emocional y está poniendo cosas en él que no son tuyas. Puedes pensar en los límites como un tipo particular de acto de violación, como irrumpir en tu apartamento y pedir té, pero en realidad, siempre que te sientas incómodo, es probable que se haya cruzado un límite. No descartes tus necesidades aquí.

Aquí tienes un ejemplo. Alexa y Elena son hermanas. Elena acababa de presentar a la familia a su novio Daniel. Daniel comenzó a asistir a eventos familiares durante unos meses y, gradualmente, Alexa se encontró saliendo con Daniel más a menudo.

Pero algo sucedió cuando Alexa estaba cerca de Daniel. Se le revolvió el estómago cuando Daniel le hizo una pregunta. Se puso nerviosa y tuvo ganas de salir corriendo. Pero no quería regañar a Daniel, porque posiblemente molestaría a Elena y causaría un escándalo familiar.

Después de que Alexa pensó en cómo reaccionaba con Daniel, se dio cuenta de que él parecía curiosamente demasiado interesado en la vida privada de otras personas, específicamente, en las partes románticas. Daniel era extraordinariamente franco en sus conversaciones y, a veces, pedía detalles personales que iban demasiado lejos. Y lo hacía de una manera agradable, como si todas las familias del mundo tuvieran este tipo de conversaciones libre y abiertamente. No se daba cuenta de que sus preguntas estaban causando tensión. Pero llevaron a Alexa, una persona muy reservada, contra la pared. Alexa diagnosticó la situación y decidió establecer algunos límites.

Efectivamente, la próxima vez que estuvieron juntos, Daniel comenzó a interrogar a Alexa sobre su historial de citas en línea. (Alexa le había dicho a Elena que había renunciado a las citas en línea para siempre, lo que Elena debió haberle contado a Daniel). Alexa, con mucha calma, le dijo a Daniel: «Mira, he estado pensando mucho en esto. No me siento cómoda hablando de mi vida privada con tanto detalle. Sé que no pretendes hacer daño y agradezco tu amabilidad, pero te pido que respetes mis límites en este asunto».

Daniel estaba desconcertado. No tenía idea de que sus preguntas no eran apropiadas. Murmuró una disculpa y se alejó. Nunca volvió a preguntarle nada a Alexa. La relación de Elena con Daniel duró unos ocho meses después de esa confrontación. Si bien Alexa nunca se acercó a Daniel de una manera significativa, lograron una relación civil y amistosa entre sí hasta la ruptura, después de la cual Alexa nunca lo volvió a ver.

La situación de Alexa funcionó bien. Podría haber sido peor: Daniel podría haberse molestado, Elena podría haberse enfadado y la familia podría haber sufrido una gran secuela. Pero sea cual sea el resultado, Alexa emitió legítimamente una declaración de que tenía que mantenerse firme y construir un límite.

A veces habrá consecuencias por establecer límites, especialmente entre aquellos que son inconscientes en lugar de maliciosos. Pero las consecuencias casi siempre valen la pena, aunque puede ser difícil para ti darte cuenta el momento con las emociones a flor de piel.

Cómo establecer límites

Con suerte, te has sintonizado lo suficiente contigo mismo como para darte cuenta de que es hora de defender tu espacio personal. Ahora es el momento de hacer una autoinvestigación seria y establecer un conjunto firme de límites que te ayudarán a frenar tu adicción a complacer a la gente. Aquí hay algunos procesos que te ayudarán.

Determina tus valores fundamentales. La vida puede ser tan agitada que no tienes mucho tiempo para saber quién eres y qué valoras. Algunos de nosotros nunca tenemos ese tipo de introspección, incluso cuando tenemos tiempo para hacerlo. A veces, cuando tratamos de pensar en lo que creemos o valoramos, es posible que solo pensemos en lo que otros nos dicen que creamos o valoremos: nuestras creencias religiosas, culturas o tradiciones.

Es esencial dejar todo eso a un lado por un momento y concentrarse en lo que tú, la persona, realmente estima y en lo que constituye tu propio código personal individual. Para averiguarlo, piensa en las cosas que te incomodan de alguna manera y cómo te hacen actuar. No tienen que ser cosas enormes, importantes o incluso significativas. Pueden ser simplemente eventos que suceden con la suficiente regularidad como para que tú los note.

Por ejemplo, Howard no podía soportar pagar una cantidad exorbitante de dinero por un lugar de estacionamiento. No se alinea con sus valores (o, probablemente más concretamente, con lo que podría pagar). Pero vivía cerca de una gran ciudad donde asistía a eventos deportivos profesionales, donde los lugares de estacionamiento costaban regularmente casi $ 100 por seis horas. De ninguna manera Howard quería lidiar con eso. En vez de eso, conducía hasta un aparcamiento en la periferia y tomaba el tren para ir a su partido por $ 5 ida y vuelta.

Historia fascinante, lo sé. Pero incluso este relato bastante leve ofrece un par de ideas sobre los valores de Howard:

- Es austero, al menos cuando se trata de plazas de aparcamiento.
- Está bien con tomar «el camino más largo» si tiene que hacerlo.

- Apoya el tránsito público.

Llamo a esas declaraciones «valores superficiales» porque son solo una serie de indicadores de cuáles podrían ser los valores fundamentales de Howard. Al hacer un poco de ingeniería inversa, podemos encontrar ejemplos de los posibles valores *fundamentales* de Howard:

- responsabilidad económica
- paciencia
- mentalidad pública

Prueba este ejercicio mental en algunas de las cosas que *tú* haces. Toma una situación, rutina o evento de tu vida, piensa en cómo actúas en ella y trata de relacionarlos con los valores que tienes. Es posible que encuentres algunos valores que no conocías. Piensa en tantos ejemplos como puedas; con el tiempo, algunos valores fundamentales seguirán apareciendo más que otros, y probablemente sean esos en los que *realmente* crees.

Aquí hay una cosa importante que debes recordar: cuando estés haciendo este ejercicio y el evento que estés analizando involucre tu relación con otra persona, asegúrate de concentrarte en tus valores y en lo que a *ti* te hace sentir cómodo o incómodo. No consideres lo que la *otra persona* podría valorar ni enmarques tus valores en el contexto de la relación. Debes ser temporalmente egoísta en este ejercicio, porque estás tratando de averiguar lo que quieres. Tienes permiso para ser egocéntrico en este procedimiento. Una vez que tengas una idea más firme de lo que representa, te ayudará a ser más resuelto y a frenar tu tendencia a complacer.

Cámbiate a ti mismo, y solo a ti mismo. Mientras reafirmas tus valores y te preparas para establecer límites, podrías pensar: «Esta situación sería mejor si mis amigos/socios/padres/hijos/compañeros de trabajo aceptaran mi forma de pensar. Si todos pudieran verlo a mi manera, no habría ningún problema».

Es humano querer eso. Cuando encontramos una solución, queremos contarles a todos cómo hemos llegado a ella: «¡Estaba equivocado! ¡Ya no estoy arruinado! ¡Todavía estás en mal estado! ¡Tienes que hacer exactamente lo que yo hice!».

O tal vez solo queremos que la gente deje de ser tan difícil de tratar. Queremos que nuestras parejas dejen de ser tan vagos en casa; queremos que nuestros jefes dejen de menospreciarnos; queremos que nuestros amigos dejen de ser melodramáticos. Eso también es humano.

Pero regresa a lo que hablamos al final del último capítulo sobre la ruptura de hábitos: «Asume y haz valer tu *propia* responsabilidad, cosas que están completamente bajo tu control».

No somos responsables de cambiar el comportamiento de los demás. No solo eso, sino que tratar de cambiar a otras personas casi nunca funciona. Lo que *puedes* y debes cambiar es cómo *tratas* con otras personas. No vas a evitar que las personas intenten violar tus límites, pero puedes cambiar la forma en que manejas estos intentos.

Esto no significa hacer todo lo posible para acomodarlos (un movimiento para complacer a la gente). Esto significa cambiar tu enfoque personal en función de esos valores fundamentales que acabamos de descubrir y actuar de una manera que comunique los límites. Significa comunicarse de una manera diferente con las personas con las que tienes problemas. También significa mantener tu terreno emocional con personas que son demasiado agresivas con tu espacio personal.

Digamos que alguien cercano a ti gasta de manera compulsiva. Siempre compra cosas que no necesita. De vez en cuando pide préstamos, pero siempre parece tener muchas cosas o se va de vacaciones más de lo que debería una persona arruinada.

Sabes que, si esta persona simplemente adoptara prácticas presupuestarias más estrictas, cambiaría sus maneras. Si prestara más atención a su cuenta bancaria o mejorara la planificación de su futuro financiero como lo has tú, otra cosa sería. De hecho, tú vas a ir al apartamento de esta persona con un ejemplar de *Presupuestos para tontos* y le vas a decir que su estilo de vida es un camino hacia la insolvencia financiera y la bancarrota, ¿verdad?

Bueno no. No eres responsable de los problemas de esta persona. No tienes tiempo para dedicarlo a arreglarlos. Tienes tus propias cosas con las que lidiar. Pero lo que puedes hacer es no darle más dinero. Solo puedes cambiar tu comportamiento para no permitir ni apoyar los comportamientos de otras personas. Eres solo una parte del cálculo mental de otra persona.

Modificar la forma en que tratas con los demás es un ejercicio mucho más gratificante que tratar de convertir a las personas a tu forma de pensar. Siempre que puedas trabajar por tu propia iniciativa y hacer algo transformador para ti, será mucho más efectivo y fructífero para tu propia salud.

Fija las consecuencias. Entonces, ¿qué sucede después de que alguien ha ignorado tus límites y ha entrado felizmente en tu espacio personal después de que le has dicho que respete tus límites?

La respuesta: lo que quieras. Dentro de lo razonable, eso es. No tienes derecho a iniciar una pelea callejera ni a piratear su ordenador. Pero *tú* tienes derecho a mantenerte firme y a defender tu espacio personal. Para hacer eso, debes decidir cuál será la consecuencia cuando alguien traspase tus límites. Lo único que no puedes hacer es *nada*.

Por ejemplo, supongamos que hay alguien en Facebook que continuamente te acosa por una disputa que está teniendo. Le has advertido sobre molestarte en un foro público, pero sigue haciéndolo. Así que decides la consecuencia de dejar de ser amigo o bloquearlo.

Esta parte puede ser un paso grande y difícil para ti emocionalmente. Es un momento de ansiedad. Pero es parte de establecer tus límites. Se trata de *tus* necesidades y solo las tuyas. Esas son las necesidades que debes respetar. Si alguien cruza ese umbral continuamente a pesar de tus advertencias para que se detenga, debes imponer la ley por ti mismo.

Puedes esperar que reaccione desfavorablemente, por supuesto. Puede llamarte crítico, miope, injusto, temerario o irracional. Cuenta con que sea así. Simplemente considéralo parte del proceso de establecimiento de la consecuencia. Pero no dejes que cambie tu decisión.

Otro gran paso que debes tomar al establecer consecuencias es anotarlas con antelación. Recomiendo escribir las cosas para prácticamente cualquier situación, pero es especialmente bueno hacerlo aquí. Escribe los límites que tienes, las acciones que otros podrían tomar que traspasen esos límites y exactamente lo *que* harás cuando tus límites hayan sido violados. Escribir es bueno para organizar tus pensamientos y recordarte lo que has decidido si lo necesitas en el futuro. A menudo es difícil tomar decisiones acertadas cuando estamos emocionados o temerosos, por lo que saber lo que hemos decidido previamente con la mente clara puede ayudarnos a actuar.

Las personas complacientes temen el desagrado de los demás hasta el punto de permitir que las ofensas contra ellos no se aborden. Tener una política firme sobre las consecuencias de sobrepasar tus límites te ayudará a desarrollar más determinación y respeto por ti mismo.

Más pasos para establecer límites

Nadie más sabe cuáles son tus prioridades internas. Nadie más puede decirte cómo establecer tus límites. Puede parecer un trabajo difícil, pero el resultado es que estarás más preparado para tomar la iniciativa y reforzar tus valores. Para cualquiera que intente salir de una vida de agradar a la gente, esas son habilidades críticas.

Aquí hay más procesos útiles sobre el proceso de establecimiento de límites.

Sé claro y específico sobre cuáles son tus límites. Tú eres quien decide qué funcionará para ti y qué no. Cuando establezcas y expliques tus límites, debes ser lo más explícito y directo posible sobre ellos. Es imposible lograr que alguien respete tus límites si tú mismo no los tienes claros. Por ejemplo, si no sabes que te molesta que la gente coma en la mesa de tu comedor y dejen un desastre, ¿cómo lo van a saber *ellos*?

Cuando establezcas estos límites, piensa en términos generales. Utiliza tu sistema de valores fundamentales para definir lo que desea en áreas más específicas. Acepta que debes considerar muchas áreas cuando establezcas tus políticas personales: espacio personal, información personal, dinero y posesiones, tu tiempo y horario, el uso de tu automóvil personal (que siempre es importante), etc.

Se te permite establecer límites diferentes para diferentes personas en tu vida. No todo el mundo tiene que seguir la misma lista de reglas y regulaciones; pueden variar de acuerdo con la cercanía que ciertas personas puedan tener contigo. Una cosa es cuando un miembro de la familia o un amigo cercano te pregunta si puede tomar prestado tu automóvil, pero otra muy distinta es cuando un amigo ocasional del trabajo o del bar lo hace. Si sientes que necesita ajustar los límites para algunos y no para otros, esa es tu decisión.

Por último, es posible que la gente no entienda por qué has establecido ciertas limitaciones, reglas o límites. Eso está completamente bien. No es necesario. Son tus decisiones. Si otras personas no entienden eso o sienten que tus reglas van en contra de *sus* emociones o valores personales, no importa lo más mínimo. No te preocupes por ellos.

Comunica tus límites a los demás en términos muy exactos. Asegúrate de que todos tengan muy, muy claro cuáles son tus límites (especialmente si son diferentes para varias personas). Tienes la obligación de ser claro, sincero y franco con los demás sobre cuáles son tus límites. No puedes suponer que simplemente adivinarán correctamente.

Por ejemplo, la gente sigue durmiendo en tu sofá. Todos los fines de semana, alguien que conoces sale hasta tarde y no quiere conducir de regreso a su casa por el motivo que sea. Entonces, llaman a tu puerta, te preguntan si pueden quedarse, tú te echas atrás y, 15 minutos después, están durmiendo en tu sofá. Y también existe la posibilidad de que saquen algo de la nevera mientras duermes. Te quita espacio personal y probablemente también consume un poco de tu tiempo.

Probablemente no hayas dejado expresamente claro que este arreglo ya no funciona para ti. No has establecido este límite claramente, prefieres insinuar pasivo-agresivamente que estás molesto y prefieres que esto no suceda. Así que seguirán haciéndolo porque no saben que tienes un problema con eso. Hasta que establezcas sin equívocos cuáles son tus límites, la gente seguirá atravesándolos.

Algunas personas lo entenderán si dejas caer una pequeña pista. Por ejemplo, toma esa historia sobre Alexa y Daniel, el tipo que hizo preguntas demasiado personales. Alexa puede haber expresado sus límites simplemente respondiendo: «¿Por qué preguntas?». Mucha gente se dará cuenta de esa pista y retrocederá, dejando intactos tus límites.

Otras personas no son tan intuitivas, y si siguen sin captar la indirecta, es hora de que seas explícito y directo con ellos. Esta es la parte difícil. Alexa podría haber dicho algo como «No me gusta hablar de eso», «No voy a hacer eso» o «Por favor, deja de insistirme sobre este tema». Esa palabra súper mágica «no» es una forma directa de defender tus límites. Del mismo modo, para defender tu sofá, puedes ofrecer: «Esto ya no me va a funcionar» o «Esta es la última vez que podrás hacer esto» o simplemente «Esto no va a suceder de nuevo».

Si alguien no comprende tu conjunto de límites y te pregunta por qué los tiene establecidos, no estás obligado a responderlos. No debes ninguna explicación. No es necesario que describas tu razonamiento o qué te motivó a tomar esa decisión. No tienes que justificar nada. Te conoces bien, sabes lo que es importante para ti. Sabes por qué te sientes así. Eso es todo lo que te debe preocupar. No tienes que dibujar un diagrama para nadie más. Recuerda, cuando comuniques tus límites, «no» es una frase completa.

No dejes que quienes cruzan los límites se pasen de la raya. Has descubierto tus límites. Se los has explicado claramente a los demás. Has definido cuáles serán las consecuencias. Y, sin embargo, alguien todavía está atravesando tus límites. ¿Ahora qué?

Tienes que imponer tu ley personal y no dejar que los infractores se vayan fácilmente. Es hora de actuar.

Implementar tus límites personales es absolutamente necesario cuando intentas establecer tus límites y hacerte valer. Es por eso por lo que *solo debes establecer reglas que estés dispuesto a cumplir*. Cualquier regulación que establezcas y que solo vas a hacer cumplir a medias es probablemente una que deberías reconsiderar: o no sientes realmente que el límite es necesario o no has resuelto todos los detalles. Las personas se darán cuenta y lo tomarán como una señal de que no te tomas muy en serio tus límites; es posible que no existan en ese momento. Esto es lo que se conoce como un *límite poroso* y es un signo de debilidad que la gente explotará de inmediato.

A algunas personas les molestará que establezcas límites y repartas consecuencias. Entraremos un poco más en detalles sobre cómo lidiar con más resultados negativos en un momento, pero por ahora, debes saber que sucederá.

Por ejemplo, hubiera sido fácil simplemente intentarlo y no dejar que tu amigo matón de Facebook te moleste. Podrías haberlo ignorado o haber encontrado otras formas de lidiar con él. Pero sabes que, si le permites seguir teniendo ese acceso a ti, solo seguirá haciendo lo que hace. Te has explicado, has definido tus límites y él los ha ignorado. Presiona el botón «eliminar amigo» y no mires atrás.

A las personas complacientes les cuesta pensar en lo que es correcto para ellos, y mucho menos defenderse a sí mismos llevando a cabo las consecuencias. Descubrirás que, si retrocedes en tus límites con una acción sólida, habrá solo un poco de ansiedad en la acción en sí, mucho menos de la que habría si dejaras que se pudra.

Los tres niveles de los límites personales

Ahora sabes cómo definir tus límites personales, explicarlos y hacerlos cumplir. Y también sabes que las reglas de límites pueden ser diferentes según con quién estés tratando. Ahora analicemos lo que realmente sucede cuando las personas pasan a tu espacio personal, ya sea que estén invitadas o no.

Cuando estás involucrado en una interacción con alguien, hay básicamente tres niveles que describen cuán profundamente estás protegiendo tus límites. En pocas palabras, hay demasiado fuerte, demasiado débil y justo.

Sano. El objetivo es mantener tus límites de manera equilibrada. Un límite saludable reforzará tu carácter, moderará tus reacciones emocionales y te ayudará a ser generoso de una manera significativa.

Cuando tienes límites saludables, tienes un respeto saludable por ti mismo, tus sentimientos y tu punto de vista. No vendes tus valores fundamentales para que otros puedan aprovecharlos. Intercambias y revelas información personal de manera adecuada. También puedes manejarlo cuando la gente te dice que no.

Rígido. También puedes ser extra firme al establecer tus límites y convertirte en una fortaleza impenetrable. Pero existen serios inconvenientes con esto. Es probable que tenga pocas o ninguna relación íntima o cercana con alguien. Parecerás distante ante otras personas, posiblemente completamente aislado. Serás reticente a pedir ayuda a cualquier otra persona y te mantendrás alejado de situaciones vulnerables para no tener que lidiar con el rechazo.

La persona rígida que establece los límites hace todo lo posible para evitar quedar expuesto, débil o demasiado disponible porque no quiere que nadie más lo lastime. Pero al hacerlo, todavía se lastima, por sí mismo.

Poroso. Alguien con límites muy finos tiende a permitir que muchas personas y fuerzas entren en su vida para que básicamente hagan su voluntad. Cuando mantienes límites porosos, tiendes a dar demasiada información personal o te involucras demasiado en los problemas de otras personas. «No» es una palabra que te cuesta mucho decir. Te abres a las personas abusivas; de hecho, prácticamente invitas y permites que las personas se aprovechen de tu buena voluntad.

Este tipo de personas son demasiado confiadas. Son explotados de forma regular, incluso por personas sin intenciones de explotarlos. A menudo se sienten decepcionados y pueden amargarse por su existencia incluso cuando todavía se comparten en exceso. Esta es otra forma de describir los límites porosos.

Al leer esta información, probablemente te sientas inclinado a creer que el nivel saludable es el que debes alcanzar el 100 % del tiempo. Ese no es un lugar terrible para comenzar. Pero *encontrarás* que es posible que debas hacer algunos ajustes en cualquier dirección dependiendo de ciertos factores.

Por ejemplo, si tienes una buena relación con tu familia, lo más probable es que seas un poco más poroso con ellos. Si estás en una relación de trabajo con alguien de quien desconfía, probablemente te inclinarías hacia la política rígida.

Tienes la libertad de decidir hasta qué punto doblarás o expandirás tus límites en una situación determinada. Pero hay muy pocas situaciones, si es que hay alguna, en las que sea una buena idea ser completamente rígido o poroso. Las personas de bordes gruesos son difíciles de alcanzar, están muy a la defensiva y prácticamente caminan con una armadura en todo el cuerpo. Los de bordes finos son demasiado abiertos y con frecuencia ingenuos; es fácil acercarse a ellos, pero su sinceridad desnuda puede dejar entrar a las malas fuerzas.

Además, considera que las diferentes culturas del mundo tienen diferentes estándares de exhibición emocional y comportamientos; algunas culturas son muy abiertas y demostrativas de afecto; otras son más reservadas y profesionales.

Esto puede hacer que los viajes por el mundo sean divertidos.

Lo principal a considerar cuando estableces tus límites, como he dicho varias veces, es que tú eres quien está a cargo. Tienes que confiar en ti mismo y creer que lo que necesitas, quieres y aprecias es correcto. Y debes saber que tus sentimientos son tan importantes como los de cualquier otra persona.

Establecer límites en medio de una situación

Siempre es bueno tener todo planeado con anticipación. Pero surgirán situaciones en las que descubrirás que traspasan tus límites y tendrás que hacer ajustes situacionales sobre la marcha para mantenerte intacto y saludable. Hay circunstancias para las que no estás preparado instintivamente y, cuando se presenten, tendrás que reaccionar de una forma que mantengas tus límites en su lugar.

Tu respuesta siempre debe enviar un mensaje claro. Pero si estás tratando de superar tu hábito de complacer a la gente, puede ser más fácil ser sutil y fuerte. Después de todo, estás acostumbrado a apaciguar a todos, por lo que apagar ese modo y ser duro y decisivo podría no ser posible.

Para fines de demostración, aquí hay algunos temas y emociones que pueden surgir repentinamente en una situación imprevista. Te daré dos posibles respuestas para cada una: una que sea sutil y considerada, con la esperanza de que se capten las pistas, y otra que sea más directa y al grano después de que quede claro que se necesita la fuerza. Por supuesto, la redacción aquí se puede aplicar a muchas circunstancias.

Dinero. Todos necesitan que se les pague, pero puede haber un par de amigos o colegas de trabajo que sigan necesitando ayuda. No se puede esperar que sigas dando el dinero que has ganado o que es legítimamente tuyo a alguien que no puede respetar tus límites.

- Sutil: «Lamento la situación en la que te encuentras. Solo tengo recursos limitados en este momento y no puedo prestar dinero en este momento».

- Directo: «No puedo seguir prestándote dinero. Tengo que usarlo para mis propias necesidades. Debes encontrar una manera de cuidarte y obtener dinero por tu cuenta».

Compromisos extra. A menudo, nos damos cuenta de que dedicamos demasiado de nuestro tiempo, y es especialmente problemático cuando estamos agotando nuestras energías en esfuerzos que realmente nos preocupan. Pero en lugar de prometer demasiado, defiende y protege el tiempo que necesitas para prestar atención a otros aspectos de tu vida.

- Sutil: «Simpatizo mucho con tu causa, pero, aunque me preocupo por ella, me temo que no tengo tiempo en estos momentos. Me encantaría hablar de ello una vez que tenga más tiempo».

- Directo: «No puedo ayudar en este momento. Simplemente no tengo tiempo».

Crítica no constructiva. El juicio, las críticas y las bromas duras sobre tu apariencia o modales casi nunca están bien, pero pueden ser difíciles de defender después de haber sido conmocionado y herido. Pero es vital defenderse tan pronto como puedas.

- Sutil: «Me doy cuenta de que puede que hayas estado bromeando o que no hablas en serio, pero me sentí herido por los comentarios que hiciste. Es un tema delicado para mí. Espero que entiendas».

- Directo: «No aprecio tus comentarios. No voy a ser parte de esta conversación si sigues haciéndolos».

Rabia. Los desacuerdos ocurren, pero cuando las emociones se salen de control, desafortunadamente es fácil que alguien rompa el protocolo y se vuelva hostil y abusivo. Es importante estar tranquilo pero firme para bajar la temperatura.

- Sutil: «Necesito que intentes estar menos enfadado. Estás dificultando la comunicación. La única forma en que vamos a solucionar esta situación es siendo razonables. ¿Podrías intentar usar un tono más mesurado?».

- Directo: «No me grites. ¿Lo tolerarías tú? Salgo de la habitación. Cuando te hayas calmado y no me amenaces, es posible que podamos reanudar esta conversación».

Comprar tiempo. Puede haber un momento en el que alguien diga que necesita urgentemente que tomes una decisión instantánea y que hagas algo de inmediato. Como dice el cliché empresarial, su emergencia no es tu prioridad. Mantente firme en tu horario.

- Sutil: «Entiendo lo que dices. Solo necesito algo de tiempo para pensar cuál sería la mejor manera de seguir adelante. Me doy cuenta de que sientes que esto es urgente, pero ¿puedo comunicarme contigo al respecto? Eso sería de ayuda».

- Directo: «No voy a obligarme a tomar una decisión rápida sin pensarlo más. Necesito tiempo para considerarlo más a fondo. Si no puedes esperar por mi respuesta, entonces la respuesta es no».

Saber cómo adaptarte y reaccionar en medio de un incidente inesperado que cruza los límites hace que sea más fácil resistir los impulsos repentinos de las personas: por favor.

<u>Prepárate para las secuelas</u>

¡Ahora viene la parte divertida! Cuando finalmente tomas la iniciativa personal de respetarte a ti mismo y establecer y defender tus límites, es posible que algunas personas pierdan la forma. No estarán felices. Estarán molestos y quizás tristes. Algunos de ellos podrían estar realmente molestos. Pero mantenerte firme con tus límites realmente *ayudarás* a tus relaciones y alianzas a largo plazo.

Si la respuesta de otra persona te hace derribar tus límites, te sentirás irritado con ellos a medida que pase el tiempo. No puedes dejarte disuadir por ellos. Necesitas una situación en la que tus amigos, parientes y compañeros realmente te estimen por lo que eres y respeten tus límites, incluso si se sienten un poco decepcionados o descontentos con tu decisión al principio.

Como cualquier buen plan de negocios, debes tener en cuenta un cierto riesgo para que el establecimiento de tus límites tenga éxito con una mayor probabilidad. En este caso, debes tener en cuenta, de hecho, anticipar por completo, que alguien podría estar enfadado cuando estableces tus límites.

Por lo tanto, debes endurecer tu determinación con alguien que podría estar irracionalmente enfadado contigo. No puedes aceptar su intimidación o sus intentos de romper tus límites. No puedes permitir que continúe explotando tu simpatía o ayuda o que muestre desdén por los límites que tienes totalmente el derecho a establecer.

Si permites que una persona enfadada debilite tu determinación porque te asusta, tu situación no mejorará. Date cuenta de esto lo más rápido que puedas. Si retiras tu solicitud de que respeten tus límites, solo te sentirás más deprimido y disgustado. Con el tiempo, eso se convierte en total acritud y odio.

Por otro lado, si te mantienes firme ante la indignación de alguien contigo, la incomodidad solo será temporal. Es posible que continúe sintiéndose resentido por un tiempo, pero al menos sabrá que te mantuviste firme y defendiste lo que es importante para ti. Al menos, eventualmente te sentirás seguro de haber tomado la decisión correcta. Lo más probable es que su enfado también se apague y tú todavía tengas una relación que puedas volver a construir.

Lo que sea que lo esté haciendo enfadar no es problema tuyo, es de *él*. Una vez más, eres responsable solo de tus propias acciones y hechos. *Él* es responsable de *sus propias* reacciones. Si mantienes un temperamento equilibrado y te mantiene firme en sus convicciones sobre los límites, tal vez finalmente aprenda que debe respetar a los demás con más frecuencia.

No muerdas el anzuelo de una persona enfadada. Si su rabia comienza a descontrolarse, mantén la calma. No dejes que dicte el tono hostil del intercambio solo porque está enfurecido. Esta es una de esas raras situaciones en las que permanecer inactivo es un signo de fuerza. Déjalo enfurecer y que se ocupe de sus asuntos en silencio.

Otra cosa que hacen a menudo las personas complacientes en presencia de una persona enfadada es intentar inmediatamente hacerlo sentir mejor y volver a complacer. Con frecuencia hacen esto sin pensar. Pero también se debe resistir la tentación de mejorarlo todo, porque seguirás cediendo tu poder personal a alguien que simplemente te va a consumir.

Al lidiar con el fuego y la furia de alguien que está molesto con tus decisiones, incluidas aquellas en las que estableces tus límites, la solución es maravillosamente simple: no hacer nada. No siempre es fácil, pero casi siempre es la mejor manera.

Para salir del modo complaciente, es necesario comprender la importancia de establecer límites, determinar cuáles son los personales, vigilarlos y defenderlos agresivamente cuando están siendo transgredidos. Aprovechar esa fuerza de carácter te recordará tus valores y creencias, y te sacará de la posición servil de tratar de satisfacer a todos.

Aportes:

- Los límites fuertes y claros serán una de tus mejores defensas contra el agrado de las personas y las personas que quieren que lo hagas. Sin embargo, no pueden existir únicamente en tu cabeza y no pueden ser tan flexibles que la gente no vea ninguna razón para acatarlos. Por lo tanto, debes comunicarlos con claridad y hacerlos cumplir sin excepción.

- Primero, debes definir tus límites explorando cuáles son tus valores centrales y superficiales. Así es como sabes lo que debes proteger y lo que puedes dejar ir. Comunícalos a los demás.

- El otro aspecto importante es establecer consecuencias y luego hacerlas cumplir. Esto es lo que sucede cuando alguien intenta violar tus límites después de que los hayas comunicado. Esto puede ser lo que quieras; lo único que no puede ser es *nada*. Si no lo haces, se crearán límites porosos, que son tan buenos como no tener límites. Sin embargo, tampoco pueden ser demasiado rígidos.

- Desafortunadamente, casi siempre tendrás algún tipo de reacción negativa a tus límites. Esto es algo para lo que tienes que prepararte, pero de todos modos será difícil. A la gente no le gusta que le digan que no, pero eso se refleja en ellos, no en ti como persona.

Capítulo 6: Cómo decir no

Aprender a decir que no puede ser la máxima habilidad asertiva que una persona puede poseer. La mayoría de nosotros aspiramos a complacer y, como hemos aprendido a lo largo de este libro, no es necesariamente culpa nuestra. Puede que ni siquiera sea una decisión consciente el no poder decir que no.

En algún lugar de nuestras vidas, hemos descubierto que llevamos la negatividad y la posible confrontación o decepción a una interacción. O no establecemos límites adecuados y rígidos. O cualquiera de las varias razones de las que hemos hablado relacionadas con la falta de asertividad en este libro. El resultado final de decir que sí cuando quiere decir que no es el mismo pase lo que pase, y eso es lo que este capítulo pretende abordar. Ya sabes lo que tienes que hacer y es posible que incluso comprendas tus atracos psicológicos.

Eso no hace que decir no sea fácil mágicamente y eliminar la tensión inherente. De hecho, probablemente nunca te acostumbrarás al 100 % a la tensión, pero como mínimo, puedes aprender frases y tácticas específicas para decir que no que te ayudarán a comunicar tu mensaje de manera más elegante y fluida.

«No puedo» *vs.* «No lo hago»

Te sorprenderá saber que la forma en que nos hablamos a nosotros mismos puede afectar nuestra capacidad para decir que no. El *Journal of Consumer Research* publicó un estudio en el que 120 estudiantes se dividieron en dos grupos: el grupo «No puedo» y el grupo «No lo hago». A un grupo se le dijo que cada vez que se enfrentaban a la tentación debían decirse a sí mismos: «No puedo hacer X». Por ejemplo, cuando se sintieron tentados con el chocolate, decían: «No puedo comer chocolate». El otro grupo, el grupo «Yo no lo hago», recibió instrucciones de decir «No hago X» o, en el caso del chocolate, «No como chocolate».

Los resultados de este estudio mostraron el gran impacto que puede tener una pequeña diferencia en el vocabulario en nuestra capacidad para decir que no, para resistir la tentación y para motivar el comportamiento dirigido a objetivos. El grupo del «Yo no lo hago» fue abrumadoramente más exitoso en su capacidad para decir que no.

Si te dices a ti mismo «No puedo», simplemente te estás recordando las limitaciones que te has fijado. Estás creando un ciclo de retroalimentación en tu cerebro que te dice que no puedes hacer algo que normalmente te gustaría hacer. «No puedo» se convierte en un ejercicio de autodisciplina, que no es algo de lo que quieras depender constantemente.

Por otro lado, cuando te dices a ti mismo «No lo hago», estás creando un ciclo de retroalimentación que te recuerda tu poder y control de la situación. Te has establecido un límite. Tu elección fue predefinida para decir no y, por lo tanto, puedes atenerte a ella más fácilmente. Simplemente cambiando una palabra cuando hablamos con nosotros mismos, podemos cambiar nuestro comportamiento. Cuando las personas escuchan «no», es más un límite estricto, mientras que «no puedo» generalmente implica una respuesta abierta que alienta a las personas a tratar de persuadir y engatusar.

Por ejemplo, considera una situación en la que a alguien que está a dieta se le ofrece un postre cargado de calorías. Si dicen «No puedo», se están recordando a sí mismos las limitaciones creadas por su dieta. Lo han pensado y han tomado la decisión activa de decir que no. Si, en cambio, dicen «No lo hago» cuando se les ofrece el mismo postre, estarán tomando el control de la situación y solo tendrán que ceñirse a su decisión preestablecida. Se recordarán a sí mismos que no comen alimentos llenos de calorías.

El mantra «Yo no lo hago» puede ser una herramienta invaluable en nuestra vida diaria. Al decir «No dejo que mis amigos me convenzan de cosas que no quiero hacer» o «No pico entre comidas», hacemos que sea mucho más fácil decir que no o resistir la tentación. También nos empoderamos y facilitamos mucho la consecución de nuestras metas y objetivos. Estamos hablando tanto con nosotros mismos como con los solicitantes.

¡Tienes una política y la estás cumpliendo!

Rechazando categorías

Al aprender a decir que no, el mismo principio de «yo no» se aplica a alguien que recibe repetidas solicitudes de favores u obligaciones. En lugar de revisar cada solicitud por separado, podrías considerar rechazar toda la categoría.

En otras palabras, en lugar de revisar cada solicitud y tomar una decisión de «Puedo» o «No puedo», encontrarás que es mucho más enriquecedor rechazar todas las solicitudes que se encuentran en una categoría determinada, como «Lo siento, ya no hago ese tipo de reuniones».

Este enfoque eliminará toda la toma de decisiones de las solicitudes de otras personas y encontrarás que es mucho más fácil decir que no a estas solicitudes. Sí, puedes hacer excepciones a las solicitudes cuando se trata de algo que en realidad deseas o que realmente necesitas hacer, pero encontrarás que será mucho más fácil aceptar una solicitud que rechazarla. Al igual que con decir «no lo hago» en lugar de «no puedo», rechazar una categoría completa es un límite que la mayoría de la gente aceptará. Si sientes que haces excepciones con frecuencia, intentarán persuadirte.

Por ejemplo, nuestro viejo amigo Jack es un conocido autor cuyas novelas policiales han vendido cientos de miles de copias. Como resultado, recibe numerosas solicitudes de grupos que lo invitan a asistir a sus reuniones y discutir estos libros. Lleno de solicitudes de grupos tan pequeños como cinco o seis personas y tan grandes como 200 personas, Jack ha establecido sus propios criterios para hablar con grupos sobre sus libros. No hablará con ningún grupo de menos de 20 y no hará presentaciones grupales en los meses de mayo a agosto, ya que esos son los meses que quiere dedicar a escribir su próximo libro y esos son también los meses en los que sus niños no van a la escuela y él quiere asegurarse de pasar tiempo con ellos en ese momento.

Al formar sus propios criterios restrictivos para filtrar las solicitudes de oratoria de los invitados, a Jack le resulta mucho más fácil decir que no a muchas de las numerosas solicitudes que recibe. Él ya sabe cuáles son sus reglas y es más fácil cumplir con una regla general que decidir quién merece ser una excepción.

Una vez más, si te resulta difícil decir que no, debes decidir comenzar a rechazar categorías. Decídete a decir que no cada vez que alguien te pida un favor. Rechaza automáticamente la solicitud, categóricamente. Luego, si es algo que realmente deseas hacer, siempre puedes optar por participar y decir que sí. Pero no debería ser tu respuesta preferida.

Si tienes personas en tu vida que hacen solicitudes repetidas, podría ser mejor adelantarse a su solicitud. «Sé que te mudarás a fin de mes. Si necesitas ayuda para mudarte, esta vez no te podré ayudar. Mi esposa y yo hemos acordado hacer un esfuerzo para pasar más tiempo con los niños».

La cuenta relacional

El problema con el *no* es que es negativo. Bueno, supongo que es obvio, ¿no? A pesar de su poder cuando se usa correctamente, no es algo fácil de decir para la gente, especialmente para alguien atrapado en complacer a la gente. Independientemente de tus razones para decir que no, la otra parte probablemente lo experimentará como un rechazo.

Decir no directamente, incluso si eres educado y tus razones son legítimas, puede afectar la forma en que los demás te perciben. Pueden pensar que eres frígido, distante o poco generoso. Ya sea que alguna de esas características sea justa o no, demuestran cuánto poder ejerce la palabra «no».

¿Cómo nos mantenemos firmes cuando tenemos demasiado para atender nuevas solicitudes? Adam Grant, profesor y escritor de Wharton, se le ocurrió la idea del relato relacional, o, como él mismo dice, «Si te ayudara, decepcionaría a los demás».

La cuenta relacional simplemente implica mencionar tus responsabilidades y obligaciones con otra persona cuando rechazas al autor de la pregunta.

Por ejemplo, si un amigo te pide que cuides su casa durante un período prolongado de tiempo, podrías decirle: «Tengo demasiadas responsabilidades en este momento; mi pareja y yo estamos remodelando nuestra casa, para acomodar mejor a los niños. Me necesitan en ese frente ahora mismo. Necesitas a alguien que pueda prestarte toda su atención».

Si alguien te pide que lo cubras en el trabajo, podrías decirle: «Estoy trabajando en un proyecto muy complicado que me impide participar en muchas cosas que me interesan, desafortunadamente. Simplemente no tengo la capacidad para todas las cosas que me gustaría hacer».

El método de la cuenta relacional funciona porque infiere que en realidad eres una persona positiva y cariñosa. La razón por la que no puedes ayudar es porque estás sobrecargado o porque hay alguien más que depende de ti. Esto reduce la sensación de rechazo del solicitante y elimina la posibilidad de que te estigmaticen como un maniático o un cascarrabias solo porque dijiste que no.

Esto es especialmente útil para quienes se recuperan de ser tan complacientes, ya que ayuda a mantener la reputación positiva que puedan tener. No pasarás de ser un ayudante irresponsable a un negacionista agudo de la noche a la mañana.

«Sí. ¿Qué debo des-priorizar?»

En situaciones en las que tienes demasiada carga encima, alguien podría hacer una solicitud que abarrotaría tu agenda aún más. Si aceptar su solicitud va a poner en peligro tu productividad, es absolutamente necesario que se lo niegues de alguna manera, ya sea en el trabajo, en público o en casa. Pero aún puede ser muy difícil decir que no, especialmente a personas con autoridad como un jefe o aquellos por quienes tenemos sentimientos fuertes y no queremos decepcionar.

Para estas situaciones, otra forma de decir que no es decir que sí, con una trampa. Aceptas hacer lo que te pidan, pero también pregúntales en cuál de tus muchas otras responsabilidades deberías dejar de trabajar para dar cabida a su solicitud.

El ángulo de eliminación de prioridades es especialmente bueno para situaciones de trabajo en las que estás respondiendo a alguien más alto que tú: «Claro, estaré encantado de ayudarte a revisar nuestro presupuesto para el próximo año. ¿Qué otro trabajo puedo dejar de lado por ahora para poder concentrarme en eso? ¿Debo dejar la presentación de *marketing* o el proyecto de archivo en un segundo plano por ahora?».

Pero también es eficaz en situaciones personales. «Estaría feliz de ayudarlos a mudarse este fin de semana, pero tendría que cancelar mi visita con mi mamá o el recital de balé de mi hija. ¿Qué harías?». «Puedo ayudarte a pintar la sala de estar. ¿Debería restarle prioridad a la limpieza del garaje o a trabajar en el huerto?».

Este enfoque funciona por muchas razones. Tu respuesta de «sí» envía un mensaje positivo y sugiere un espíritu de voluntad. Al pedirle a tu solicitante que elija qué elementos pasar por alto por ahora, le estás dando al solicitante la apariencia de tener una opción (cuando, en realidad, eres *tú* quien toma la decisión). Quizás lo más importante es que es una forma sutil de decir: «Tengo demasiadas cosas en este momento». Llama la atención que han pedido demasiado y que no pretendes satisfacer todos sus caprichos.

También te estás estableciendo como un programador metódico, porque tienes demasiadas cosas en marcha, pero te mantiene organizado y bajo control. Finalmente, te estás estableciendo un límite de la manera más cortés posible. Especialmente si estás tratando de salir del modo de complacer a la gente, esos son pasos cruciales que seguir.

Plantar semillas de forma preventiva diciendo que no

Estoy seguro de que conoces a un par de personas que tienen el hábito constante de pedir cosas. Casi puedes sentir su necesidad en el momento en que entran a la habitación. Sabes que, en algún momento, probablemente en varios, te harán una solicitud que tendrás que negar.

En esos casos, existe un truco muy sutil que puedes utilizar para rechazarlos. La razón por la que es complicado es porque lo usas en una situación en la que no te piden nada. Es algo que haces en una conversación o reunión normal.

Cuando hables con la persona que sabes que va a pedirte algo, habla de todo lo que sucede en tu vida y que supondrá tener que negar algunas solicitudes en un futuro cercano (o incluso lejano). Es como la cuenta relacional, excepto que la estás usando antes de que te pidan que hagas algo.

Habla sobre lo ocupado que estás y todas las cosas que haces. Explica cómo estás escaso de recursos como dinero o mano de obra. Cuéntales todas las razones por las que tienes que decirle que no a *otras* personas en tu vida en este momento, además de ellas.

Por ejemplo, si estás con un amigo que crees que podría pedir que se quede en tu casa durante un período prolongado, puedes decir: «Mi casa se está volviendo muy pequeña, no hay espacio para que yo tenga espacio personal. Parece que siempre estoy desplazado. Está tan abarrotado que ni siquiera puedo invitar a gente a visitarme».

Si piensas que alguien en el trabajo te pedirá que asumas nuevas responsabilidades (especialmente si sabes de antemano que tu empresa se está reorganizando), puedes decir: «No puedo creer lo ocupado que he estado últimamente. Hay tantas cosas nuevas que debo tener en cuenta que todavía las estoy incorporando a mi horario diario. No sé cómo me mantengo al día con todos ellos».

Esto funciona porque estableces tus motivos para decir no en el futuro previsible. Has producido la percepción de que tienes una vida y un horario muy completo que no te deja mucho espacio para asumir o hacer algo nuevo. Y cuando el autor de la pregunta en serie *haga* tu solicitud, puedes recordarle que ya mencionaste por qué tienes que decir que no: «Como te dije el otro día, tengo un millón de cosas encima ahora mismo».

El objetivo final de la negación preventiva es, por supuesto, que la gente deje de pedirte cosas. Sabrán de antemano que probablemente no podrás ayudarlos. Este es el escenario soñado de un excomplaciente.

Podrías llegar a ser tan hábil para decir que no en estas situaciones que podrás emitir una *forma* preventiva de negación antes de que el autor de la pregunta sepa que va a preguntar. ¿Ese tipo que crees que te va a pedir que te unas a su costosa liga de fútbol? Puedes decir algo como «Estoy arruinado. Voy a tener que trabajar tanto que no creo que vaya a seguir el fútbol este año».

Simplifícalo

La mejor manera de decir que no es ser simple y directo. No hay trucos sobre cómo hacerlo; es solo la incomodidad y la tensión inherentes al acto.

Si has sido pasivo durante mucho tiempo, la gente se sorprenderá cuando digas que no. Y si estás tratando con alguien que tiene una personalidad alfa, es casi seguro que intentarán que cambies tu decisión. Diablos, tu falta de asertividad podría deberse a la razón por la que andan contigo en primer lugar, y es difícil cambiar esa dinámica de relación una vez que se ha establecido. Espera retroceso y presión cuando cambies la dinámica.

Lo peor que puedes hacer en tal situación es revisar tu decisión. Si lo haces, has de saber que tendrás que enfrentar la misma situación con la misma persona cada vez que tenga solicitudes futuras. Y sabrán que tu *no* es negociable. Conviértete en un disco rayado. Cada vez que pregunten, responde con un *no* rápido y sencillo, sin dejar espacio para la negociación. Si parece que tienes margen de maniobra, simplemente alentarás a las personas a que continúen persuadiéndote.

Resiste el momento. El momento más difícil para decir no suele ocurrir justo después de hacerlo. Es entonces cuando quieres ofrecer ayuda, seguir hablando o hacer cualquier cosa para reducir la tensión que ha creado tu no. Este suele ser el momento en el que empiezas a dudar: «Bueno, si realmente necesitas mi ayuda, creo que podría...». «Preferiría no hacerlo, pero...». Resiste la tentación y permanece en silencio, porque tu asertividad a menudo se pierde en ese momento.

Cuando digas que no, recuerda que no necesitas poner excusas. Puedes decir que estás ocupado o cualquiera que sea tu razón, pero eso es todo. Déjalo así. Si aún sientes la necesidad de agregar un «porque» al final de la oración, sé breve y no des más detalles. Cuantos más detalles des, más opción le darás a la gente para que escoja. Por ejemplo, si dices que no a ayudar a un amigo a mudarse porque necesitas sacar a pasear a tu gato por la mañana, creas una vía para que la gente discuta la razón por la que paseas un gato.

No te rindas y te dejes llevar por una explicación poco convincente de por qué dijiste que no. No te sientas obligado a compartir una alternativa o algo que pueda compensar tu no. Está bien decir que no. No se necesitan más explicaciones. En general, recuerda que *no* puede ser una oración completa.

Crea aros. Si no puedes simplemente decir que no o si no puedes decir que no de inmediato, otra opción es aplazar la decisión o apuntar hacia el futuro. Diles que lo pensarás y, si corresponde, pídeles que hagan algo para prepararte para ello. En otras palabras, devuélveles la carga solicitando algo que te ayude a considerar su solicitud. ¿Confundido?

Tomemos a Jonathan, que es muy inteligente y asesor de empresas. Personas a las que les gustaría «hurgar en su cerebro» y absorber información de él como una esponja le invitan constantemente a tomar café. Como puedes imaginar, no tiene tiempo para todos los que le invitan. Tiene que decir que no con bastante frecuencia, pero ha ideado una forma de evitarlo. Crea un aro para que salten antes de aceptar nada más. Cuando alguien le pide tomar un café, le pedirá que le envíe, por correo electrónico, una agenda o plan de lo que quiere discutir y por qué. No vuelve a tener noticias del 99 % de la gente.

Como puedes ver en el caso de Jonathan, queda muy claro quién solo quiere usarlo para algo sin estar dispuesto a contribuir de ninguna manera o facilitárselo. Cuando alguien te pida algo, crea una condición para que cumplan con el fin de que tú consideres su pedido. Te permitirá ganar tiempo y espacio, y la mayoría de las personas nunca se comunicarán contigo porque les supondría un esfuerzo.

Otra forma relacionada de decir que no es algo como «No estoy seguro en este momento, pero ¿puedes hacer un seguimiento conmigo?». Tiene el mismo efecto de trasladar la carga a otra persona, y ya sabemos, por supuesto, que el mejor escenario de trasladar la carga a otra persona es que simplemente te dejen en paz por pereza o se olvidan. También puedes usar la variedad de «No puedo ahora, pero tal vez cuando mis circunstancias cambien».

Táctica de cambio. Otra opción, si estás teniendo dificultades para decir que no, será ofrecer un cambio: «No puedo hacer eso, pero puedo hacer esto».

«No puedo pasar todo el día ayudándote a mudarte a otro apartamento, pero puedo darte dos horas».
«No puedo salir contigo este fin de semana, pero te prometo que sacaré algo de tiempo para hacerlo el mes que viene».
«No puedo formar parte de la junta, pero estaré dispuesto a consultar sobre una base *ad-hoc* siempre que tenga tiempo».

Lo que estás haciendo aquí es decir no a la solicitud y ofrecer un premio de consolación más pequeño que puede ser rechazado o no. Puede ser una alternativa legítima como algo que estás dispuesto a hacer, pero no tiene por qué serlo.

Pareces estar todavía abierto y dispuesto, al menos en la superficie. Si ofreces algo relativamente pequeño, es probable que la gente se niegue y te diga que no te molestes en hacerlo. Aún mejor es si no proporcionas detalles específicos y lo dejas lo más abierto posible. En la mayoría de los casos, esto dará como resultado la libertad de una petición u obligación. Esto alivia la mayor parte de la tensión porque estás diciendo que sí a algo, pero no a lo que se te pide específicamente.

Mantenlo no personal. Muchas veces, cuando decimos que no, se siente terrible porque sabemos cómo nos sentiríamos cuando nos rechacen. Podríamos tomárnoslo como algo personal y reflexionar sobre cuánto no le importamos a alguien o quizás cómo le falta el valor simbólico. Por lo tanto, es importante mantener el *no* lo menos personal posible y tan centrado en la situación específica en cuestión como sea posible.

En esencia, estás rechazando a la persona por la situación y las circunstancias, no por la persona en sí. Algunas personas tienen dificultades para separar los dos, pero el primero es mucho, mucho más fácil de hablar y escuchar.

Por ejemplo, te invitan a la fiesta de un amigo y te enteras de que tu ex, con quien tuviste una ruptura particularmente desagradable, estará allí. Tu amigo te insiste en dejarlo pasar, pero en realidad, no se trata de tu amigo: se trata de la situación y de estar en un lugar con alguien que te da náuseas. En este caso, debes enfatizar que no estás diciendo que no a pasar tiempo con tu amigo, que es lo que ellos podrían percibir, sino que estás diciendo que no a estar en presencia de tu ex.

Un poco de arrepentimiento siempre ayuda, por ejemplo, «Realmente me encantaría y tenía muchas ganas de pasar el rato contigo, ¡pero no puedo!» Cuando las personas se sienten validadas y no rechazadas, no lo aceptarán con mucha más facilidad. Solo asegúrate de concentrarte en las circunstancias específicas y en cómo no funcionarán para ti.

Pasa la pelota. Aquí, no estás diciendo que no tanto como «Sí, pero...». Permíteme que te explique. Pasar la pelota significa pasar la responsabilidad a otra persona que no eres tú.

Es cuando sugieres que otra persona sería mucho mejor y más calificada que tú y, por lo tanto, debes retirarte. No le haría justicia al solicitante, pero aún puedes ayudarlo a resolver su problema encontrando a alguien que lo haga. El solicitante no necesariamente escuchará un no, que es la parte más importante.

Por ejemplo, si alguien te pide que lo lleves al aeropuerto, podrías decir: «No, soy un conductor terrible y conducir me pone ansioso, pero Ted es un gran conductor y podría estar libre ese día». Le has pasado la pelota a Ted con éxito al palidecer en comparación con la forma en que Ted podría solucionar el problema.

La gente te pide cosas porque quieren resolver un problema que tienen. Si te haces parecer una solución terrible, pero al mismo tiempo puedes orientarlos en la dirección de una solución real, has evitado un deber.

Decir que no es una habilidad valiosa. Al aprender a decir que no, podrás tomar el control de tu vida y de tu tiempo. Al aprender a decir que no, te empoderarás para evitar las cosas que no quieres hacer. Al aprender a decir que no correctamente, podrás evitar la tensión y la confrontación.

Como cualquier habilidad, la capacidad de decir que no es a menudo un talento adquirido. Tú también puedes aprender a decir que no. Puede llevar algo de tiempo y práctica, pero cuando domines el decir que no, te preguntarás qué hacer con todo el tiempo libre que tienes ahora.

Como se mencionó anteriormente, vas a enfrentar al menos una pequeña repercusión por mantenerte firme. Eso sucederá cuando empieces a decir no también, incluso si utilizas algunas de las formas más creativas de las que hemos hablado en este capítulo.

Es posible que las personas a las que solías complacer automáticamente se sientan injustificadamente ofendidas porque ya no tendrán acceso regular a ti. Se han acostumbrado a esperar cosas de ti y de que las hagas sin protestar. Ese ya no es el caso porque has alterado esa relación.

Pero con el tiempo, al igual que cuando estableces tus límites, esa ira retrocederá y, con suerte, se convertirá en respeto. Serás visto como alguien responsable, organizado y deliberado, no solo como alguien complaciente.

Aportes:

- Decir que no es una de las situaciones más difíciles de la vida cotidiana porque es una pequeña confrontación cada vez.

Pero hay muchas formas de hacer que esta parte de la vida sea más suave y menos tensa.

- Empieza a decir «no» *versus* «no puedo» porque lo primero implica una política, mientras que lo segundo implica algo a negociar. Del mismo modo, adquiere el hábito de decir no a categorías específicas y amplias porque eso también implica una política para la que no hace excepciones.
- Hay innumerables formas de decir que no. Ya conoces algunas, incluida la forma más sencilla: «no» como oración completa. Comprende que la gente reaccionará fuertemente hacia ti si tienes un historial complaciente.
- Otros métodos para decir no incluyen plantar semillas preventivas, enfatizar cómo estás atado a otras personas y no puedes actuar de manera independiente, hacer referencia al hecho de que no puedes hacer todo a la vez, resistir el momento en el que deseas dar una advertencia, creando aros para que las personas salten y ellos mismos digan que sí, provocando y cambiando con

tareas relacionadas o no relacionadas, dejándolo no personal y enfocado en la circunstancia específica, y pasando la pelota a alguien que parece ser capaz de resolver el problema en cuestión mucho mejor que tú.

Cheat Sheet

CHAPTER 1: THE FATAL NEED TO PLEASE

- The need to please others may appear to be generous and selfless, but it is one of the most selfish ways of behavior. People-pleasing is borne out of fear, insecurity, and a need for approval. It is predicated on the sad belief that you are not enough and that you thus need to increase your value by catering to people's needs and desires.

- The origins of people-pleasing instincts can come from a variety of sources, but the dynamic is always the same. You sought approval, were denied, and had to prove yourself in another way. You were gradually taught through experience that you received better outcomes when you served and placated people, so that became your natural state of being.

- This compulsion is further compounded by the spotlight effect, in which we have the distorted belief that everyone is constantly watching us and picking us apart. This is detrimental for "normal" people, but it's even worse for people-pleasers because it drives takes their insecurity to new levels, which causes a host of detrimental behaviors.

- Make no mistake about it; people-pleasing is harmful. You may get the approval you seek on a short-term basis, but it will be fleeting and fake. Then you will have to deal with the consequences—for instance, repression and suppression leaking out in passive-aggressive behavior, finally exploding like a volcano, or generally compromised happiness and health because of the overwhelming number of tasks you give yourself. Finally, you might end up with skewed relationships because you are putting yourself in a subordinate role and constantly putting on a face.

CHAPTER 2: THE ORIGINS AND CAUSES OF PEOPLE-PLEASING

- There are many causes of people-pleasing behavior, and they start with the beliefs we hold about ourselves in relation to others. Simply put, we are not the same; we are lower or inferior in some way. This sets up interpersonal dynamics that enable people-pleasing and in fact reward it. I've divided it into four main categories that cause these beliefs.
- First is a skewed definition of relationships and how serving others should be your first priority, to the detriment of yourself. If you possess this belief, you will be wracked with guilt if you attempt to act against it.
- Second is a sense of low self-worth. If you don't feel that you are equal to others or that others will accept you for you, then it becomes clear that your only

chance of acceptance is to bend over backward and serve people's whims.
- Third, we have been taught from infancy that generosity and kindness are admirable traits. Some of us take this too far and equate prioritizing oneself to be selfish and negative.
- Finally, many people-pleasers simply fear confrontation. They hate the tension and discomfort and will go to extreme lengths to avoid it. They don't want to make waves and are solely focused on flying under the radar.

CHAPTER 3: REPROGRAM YOUR BELIEFS

- A lifetime of people-pleasing will lead to some deeply ingrained beliefs that require reprogramming. A staple of changing beliefs is cognitive behavioral therapy, which is, in short, a way to combat skewed beliefs with thoughtfulness and pointing out negative patterns. The easy way to think about this is through BLUE—"B" stands for blaming myself, "L" is looking for bad news, "U" means unhappy guessing, and "E" represents exaggeratedly negative thoughts. We can apply these to the four major causes of people-pleasing behavior from the previous chapter.

- You must be more selfish. Often, we have the belief that selfishness is always bad and never good. The reality is that you must be selfish, even if you want to serve others, because only then can you operate at full capacity. Selfishness does not mean throwing others under the bus, and it simply means prioritizing your body and mind.
- You must accept and love yourself. Your relationship with yourself determines your relationship with everyone else, so you should be more compassionate to yourself and understand that acceptance is a choice—typically made more difficult by impossible standards and expectations you place on yourself.
- You must believe that assertiveness is not inherently bad and does not equal aggressiveness. Consider what you would do in other people's shoes and be

creative in finding ways that both people win in a situation.
- You must accept and grow more comfortable with confrontation. A good method to get over a fear of confrontation is to use exposure therapy. Specifically, create a fear hierarchy for yourself as related to confrontation. This will help you grow used to the tension and also show that you nothing ill will occur if you face your fears.

CHAPTER 4: CHANGE YOUR HABITS

- Unfortunately, over time, please-pleasing behaviors tend to become solidified as habits—automatic responses to the world. We may intend something different, but if our first and second instincts are to please, we are not improving at being assertive. Therefore, it becomes necessary to change a few of these unconscious habits to break your detrimental patterns.

- Build self-awareness of why you are engaging in people-pleasing behaviors and you will be able to realize that you aren't doing it out of free will or generosity. This can be as easy as asking yourself "why" five times in a row to try to understand what's behind your actions.

- Build autonomy and become freer from the opinions and thoughts of others. Value your own opinions and thoughts, and don't automatically subordinate yourself to others.

- Do less and stop creating one-sided relationships. You've conditioned people to rely on you, and to reverse this, you must give them the space to act for themselves.

- Let go of your past. It informs who you are, but you are not your experiences and memories. Try to realize when you are acting out of the past or out of your own free will.

- Remain strong under pressure. When you stop people-pleasing, you will face some angry reactions. It's not necessarily their fault because you have conditioned their expectations. But this is where you must not fold under pressure, like you previously would have. It only takes five seconds of extreme willpower, and it gets easier every time thereafter.

- Stop taking responsibility for other people's emotions and happiness. Everyone is responsible for their own emotions and happiness. You do not need to be someone's emotional guardian, especially if it is harmful to you.

CHAPTER 5: SET YOUR BOUNDARIES

- Strong and clear boundaries will be one of your best defenses against people-pleasing and the people that would have you do so. However, they can't exist solely in your head, and they can't be so flexible that people see no reason to abide by them. Thus, you must communicate them clearly and enforce them without exception.

- First, you need to define your boundaries by exploring what your core and surface values are. This is how you know what you should protect and what you can let go of. Communicate them to others.

- The other major aspect is setting consequences and then enforcing them. This is what happens when someone attempts to violate your boundaries after you've communicated them. This is can be whatever you want; the only thing it cannot be is *nothing*. Failure to do so will create porous boundaries, which are as good as no boundaries at all. However, they also cannot be too rigid.

- Unfortunately, you will almost always have some sort of negative reaction to your boundaries. This is something you have to prepare for, but it will be difficult nonetheless. People don't like getting told no, but that reflects on them, not you as a person.

CHAPTER 6: HOW TO SAY NO

- Saying no is one of the toughest situations in everyday life because it is a mini confrontation every single time. But there are many ways to make this part of life smoother and less tense.
- Start saying "I don't" versus "I can't" because the former implies a policy, whereas the latter implies something to be negotiated. Likewise, get into the habit of saying no to specific and broad categories because that also implies a policy that you don't make exceptions for.
- There are countless ways to say no. You already know a few, including the simplest way: "no" as a complete sentence. Understand that people will react strongly to you if you have a history of people-pleasing and being a doormat.
- Other methods of saying no include planting preemptive seeds, emphasizing

how you are tied to other people and can't act independently, referencing the fact that you can't do everything at once, resisting the moment where you want to insert an addendum or caveat, creating hoops for people to jump through and themselves say yes to, baiting and switching with related or unrelated tasks, keeping it nonpersonal and focused on the specific circumstance, and passing the buck to someone who appears to be able to solve the problem at hand much better than you.

www.ingramcontent.com/pod-product-compliance
Lightning Source LLC
Chambersburg PA
CBHW071234070526
44583CB00017B/2183